Where Your Treasure Is

KB211774

너희 보물이 있는 곳에

**WHERE YOUR TREASURE IS**

Copyright © 1985 by Eugene Peterson
Originally published in English as *Where Your Treasure Is*
By Inter-Varsity, Westmont, IL, USA.
All rights reserved.
This Korean edition copyright © 2014 by Poiema
an imprint of Gimm-Young Publishers, Inc., Seoul, Republic of Korea
Translated into Korean by permission of Eugene Peterson.
Author is represented by the literary agencies of Alive Communications, Inc.
7680 Goddard Street, Suite 200, Colorado Springs, CO 80920, U.S.A. www.alivecom.com
and rMaeng2®, of Seoul, Republic of Korea.

자신에 대한 관심을 공동체로 되돌리는 시편 기도

# 너희 보물이 있는 곳에

**유진 피터슨**

김순현 옮김

W h e r e   Y o u r   T r e a s u r e   I s

포이에마
POIEMA

**일러두기**

본문에 인용한 성경 구절은 대한성서공회에서 펴낸 새번역을 사용했다.

# 너희 보물이 있는 곳에

유진 피터슨 지음 | 김순현 옮김

**1판 1쇄 발행** 2014. 11. 3. | **1판 2쇄 발행** 2021. 4. 10. | **발행처** 포이에마 | **발행인** 고세규 | **편집** 이은진 | **디자인** 이은혜 | **등록번호** 제300-2006-190호 | **등록일자** 2006. 10. 16. | 서울특별시 종로구 북촌로 63-3 우편번호 03052 | 마케팅부 02)3668-3260, 편집부 02)730-8648, 팩스 02)745-4827

이 한국어판의 저작권은 Alive Communications, Inc.와 알맹2 에이전시를 통하여 저자와 독점 계약한 포이에마에 있습니다. 저작권법에 의하여 한국 내에서 보호받는 저작물이므로 무단 전재와 무단 복제를 금합니다.

값은 뒤표지에 있습니다. ISBN 978-89-97760-93-0 03230 | 이메일 masterpiece@poiema.co.kr | 좋은 독자가 좋은 책을 만듭니다. | 포이에마는 독자 여러분의 의견에 항상 귀를 기울이고 있습니다.

이 도서의 국립중앙도서관 출판시도서목록(CIP)은 서지정보유통지원시스템 홈페이지(http://seoji.nl.go.kr)와 국가자료공동목록시스템(http://www.nl.go.kr/kolisnet)에서 이용하실 수 있습니다. (CIP제어번호: CIP2014029554)

오, 이 세상과 제단의 하나님,
귀를 기울이시고 저희 부르짖음 들어주소서.
이 세상 통치자들이 비틀거리고
백성은 헤매며 죽어갑니다.
황금 벽이 저희 무덤이 되고,
경멸의 검이 저희를 가릅니다.
당신의 천둥소리를 저희에게서 거두지 마시고,
저희의 교만만 거두어가소서.

공포가 가르치는 모든 것으로부터,
혀와 펜으로 하는 거짓말로부터,
잔인한 자들에게 위안을 주려고
쉽게 내뱉는 모든 말로부터,
명예를 팔고 모독하는 행위와 폭력으로부터,
죽음과 나락으로부터,
저희를 구하소서, 좋으신 주님!

살아 있는 밧줄로
군주와 성직자와 노예를 포박하소서.
저희 모두의 생명을 한데 묶으시고,
저희를 치시고 구원하소서.
분노와 환희 속에서
믿음으로 불타올라 자유롭게 되었으니,
살아 있는 나라를,
단 하나뿐인 검을 당신께로 들어 올리소서.

**G. K. 체스터턴**

이 책은 국가의 생활을 속속들이 변화시키는 것을 다룬 책이다. 변화
는 이미 진행되고 있다. 많은 사람이 이 변화를 위해 일하고 있다. 다
른 이들도 여기에 동참했으면 한다. 변화를 일으키는 원천 행동은 기
도다.

이 책은 국가의 문제를 놓고 무언가를 하려고 하는 그리스도인,
가장자리만 어설프게 건드리지 않고 중심으로 뛰어들려는 그리스도
인을 위해 쓴 책이다. 이 책을 쓰기 위해 내가 고른 시편 열한 편은 과
거에 이스라엘의 정치를 구현했고, 지금도 미국을 비롯한 국가의 정
치를 구현할 수 있는 것들이다. 나는 이 시편들을 본래의 뜻 그대로
진지하게 받아들이되, 국민의 삶을 형성하는 기도문으로 받아들였다.
나는 그리스도인이 하나님의 섭리 안에 사는 하나님의 자녀로서, 날
마다 국가를 걱정할 책임이 있는 한 나라의 시민으로서, 이 시편으로
기도하기를 바라는 마음에 이 책을 썼다.

그러나 기도에 관해 글을 쓰는 것은 기도가 아니고, 기도에 관한
글을 읽는 것도 기도가 아니다. 기도는 철저히 기도다. 기도가 좀 더
쉬웠으면 좋겠다. 뒷짐 지고 구경만 하던 사람들이 좀 더 빨리 기도
에 뛰어들도록 유인하는 공식을 제시할 수 있으면 좋겠지만, 우선 절

차라도 제안해보련다.

1. 친구 몇 명을 모아 앞으로 '국가의 이기심을 끊기 위해' 열한 번 모이자고 말한다.
2. 정기적으로 만나서 한 시간 반 동안 모임을 갖는다. 일제히 시편 기도를 바치는 것으로 시작한다. 그리고 내가 시편 기도를 성찰하며 쓴 내용을 30-40분 동안 읽고 토의한다. 그런 다음 다시 한 번 일제히 시편 기도를 바친다. 뒤이어 15분 동안 마음을 다해 엄숙한 침묵을 유지하고, 기도가 여러분의 내면에 스며들게 한다. 침묵을 마치고, 다시 한 번 일제히 시편 기도를 바친다.
3. 하나님께서 여러분을 인도하여 생활 속에서 좀 더 공적인 부분에 복종하게 하시는 방식에 주목한다. 서두르지 않는다. 이 일이 여러분의 기도 동역자나 그리스도인만의 일이라고 생각하지 않는다. 여러분만의 프로그램을 찾아야겠다고 생각하지도 않는다. 여러분의 익숙한 일상생활을 뛰어넘거나 여러분의 일상생활과는 전혀 다른 행동으로 나아갈 준비를 한다. 무슨 일이 일어나는지 살펴본다.
4. 첫 모임을 갖고 1년이 지난 뒤에 최종 모임을 갖는다. (열한 번째 모임에서 최종 모임의 날짜를 정한다.) 지난 1년간 어떤 일이 일어났는지 서로 나눈다. 여러분이 끊으려고 시도한 것은 어떤 이기심인가? 여러분의 삶 속에서 이 세상과 기도의 제단을 어떻게 연결했는가? 연결 작업에 동참한 이는 또 누가 있는가? '국가의 이기심 끊기'를 계속하도록 하나님이 여러분을 어떻게 이끄셨는가? 기도가 이 일에

어떤 역할을 했는가? 최종 모임은 여러분의 삶을 나누는 모임이자 친구들의 삶을 통해 하나님이 이 땅에서 수행하고 계신 일에 여러분이 깊숙이 참여하고 있음을 깨닫는 모임이기도 하다.

너희 보물이 있는 곳에

# 1

## 이기심이라는 감옥

—

어찌하여 뭇 나라가 술렁거리며,
어찌하여 뭇 민족이 헛된 일을 꾸미는가?
어찌하여 세상의 임금들이 전선을 펼치고,
어찌하여 통치자들이 음모를 함께 꾸며 주님을 거역하고,
주님과 그의 기름 부음 받은 이를 거역하면서 이르기를
"이 족쇄를 벗어던지자.
이 사슬을 끊어버리자" 하는가?

하늘 보좌에 앉으신 이가 웃으신다.
내 주님께서 그들을 비웃으신다.
마침내 주님께서 분을 내고 진노하셔서,
그들에게 호령하시며 이르시기를
"내가 나의 거룩한 산 시온 산에
'나의 왕'을 세웠다" 하신다.

"나 이제 주님께서 내리신 칙령을 선포한다.
주님께서 나에게 이르시기를 '너는 내 아들,

———

내가 오늘 너를 낳았다.

내게 청하여라. 뭇 나라를 유산으로 주겠다.

땅 이 끝에서 저 끝까지 너의 소유가 되게 하겠다.

네가 그들을 철퇴로 부수며,

질그릇 부수듯이 부술 것이다' 하셨다."

그러므로 이제, 왕들아, 지혜롭게 행동하여라.

세상의 통치자들아, 경고하는 이 말을 받아들여라.

두려운 마음으로 주님을 섬기고,

떨리는 마음으로 주님을 찬양하여라.

그의 아들에게 입 맞추어라.

그렇지 않으면 그가 진노하실 것이니,

너희가, 걸어가는 그 길에서 망할 것이다.

그의 진노하심이 지체 없이 너희에게 이를 것이다.

주님께로 피신하는 사람은 모두 복을 받을 것이다.

나는 나의 경험과 수차례의 관찰을 통해, 자기 위주로 퇴보한 삶이 곧 인류의 적임을 깨달았다. 이 적은 여러 시대를 거치며 꾸준히 힘을 길러왔고, 특히 우리 시대에 힘을 키우고 있다. 그것은 다름 아닌 고립된 정신, 곧 거룩한 영에 맞서 죄를 짓는 정신이다.[1]

**마르틴 부버**

캘리포니아에서 미국의 중심가 뉴욕까지 죽 뻗은 고속도로에서는 태반의 사람들이 자기 생각에 완전히 몰두하는 것 같다. 150년 전, 프랑스 정치학자 알렉시 드 토크빌은 미국을 방문하고 이렇게 썼다. "각 시민이 습관적으로 매우 하찮은 대상인 자기 자신을 깊이 생각하느라 여념이 없다."[2] 150년이 지난 지금도 사정은 나아지지 않았다. 다양하고 매력적인 현실, 와글거리는 신비로운 현실이 도처에 분명하게 펼쳐져 있는데도 사람들은 과도한 자기 생각에 빠져 사람과 사물을 거들떠보지 않는다.

미국은 분명히 이기심을 끊을 필요가 있다. 진단에 도움이 되는 학문인 심리학, 사회학, 경제학, 신학을 활용하여 이 분야에 관심을 기울이는 관찰자들은 공공 생활이 퇴보하고 우리의 인격적인 삶이

너희 보물이 있는 곳에

붕괴된 원인을 이기심에서 찾는다. 우리는 이기심이라는 문제를 안고 있고, 이기심 때문에 여타의 모든 것이 잘못 돌아가고 있다는 것이다.

소수이긴 하지만, 어떤 이들은 지난 한 세기 동안 무분별한 이기심이 우리에게 안겨준 위험을 일반 대중에게 알리려고 핵무장 폐지를 주장하는 플래카드를 들고 시위를 벌이기도 한다. 이들은 군국주의, 우리의 하천과 삼림과 대기를 황폐하게 하는 탐욕, 세계의 상당 부분을 굶주리고 빈곤하게 하는 거만한 소비지상주의 등 온갖 광기에 저항하면서 지구 파괴를 필사적으로 막고자 안간힘을 쓴다. 또 다른 이들은 이런저런 핑계를 대며 교묘히 빠져나가는 사람들에게 〈회개하라. 그렇지 않으면 멸망할지니〉라는 제목의 소책자를 나눠주며 이기심만이 아니라 영혼의 문제까지 거론함으로써 사람들을 깜짝 놀라게 한다. 이들은 영혼의 영원한 가치에 주목하게 하고, 우리가 누구인지, 우리가 무엇을 위해 지어졌는지 이야기하는 성경의 권위 있는 말씀을 제시하며, "당신은 구원받았습니까?"라는 중대한 물음을 던진다. 이 두 집단은 이따금 주목을 받기도 하지만, 그리 오래 받지는 못한다. 두 집단 모두 이 세상을 걱정하기는 하지만, 서로에게 그다지 관심을 기울이지는 않는 것 같다. 설령 두 집단 사이에 대화가 이루어진다고 해도 상대를 무시하는 대화가 주를 이룬다. 한 집단은 사회를 구원하려 하고, 또 한 집단은 영혼을 구원하려고 한다. 하지만 두 집단은 공통의 기반을 생각해내지 못한다. 때때로 그 밖의 해결책이 제시되기도 한다. 심리학자는 치료법을 제안하고 교육학자는 새로운 교육 과정을 마련하고 경제학자는 입법을 계획하고 사회학자는 새로운 모형의 공동체를 고안한다. 두뇌 집단이 바쁘게 움직이고 아이디어가 넘쳐나고 이 가운데 일부가 실행에 옮겨지지만, 아주 오랫동안 효과를 미치는 것은 없는 것 같다.

알렉산드르 솔제니친은 1978년 하버드 대학교에서 강연하면서 이렇게 말했다. "우리는 정치 및 사회 개혁에 엄청난 희망을 두었지만, 정작 깨달은 것은 우리가 가장 귀중한 자산을 박탈당했다는 사실입니다. 그 자산은 다름 아닌 우리의 영성 생활입니다. 동구권에서는 우리의 영성 생활이 당黨에 짓밟히고, 서구 사회에서는 상업적인 무리에 짓밟혔습니다." 이 말을 하고 그는 큰소리로 외쳤다. "우리는 심각한 영적 위기와 정치적 난국에 봉착해 있습니다. 우주 정복을 포함하여 어마어마한 과학기술의 발달을 이루어내긴 했지만, 그것이 20세기의 도덕적 빈곤을 메우지는 못합니다. 우리에게는 영적 불꽃이 필요합니다."[3] 이 강연은 널리 유포되었다.

그러나 언론, 다시 말해 박식하다는 기자들이 전혀 보도하지 않은 사실이 있다. 상당수의 사람들이 솔제니친의 이야기를 듣고 실제로 무언가를 실행에 옮기고 있다는 사실이다. 나는 이들 가운데 일부와 함께 일하고 이들을 격려하거나 이따금 지도하기도 한다. 수천 명의 목사, 사제, 평신도가 이와 유사한 일에 종사하고 있다. 이들은 신문에 보도되는 그 누구보다 사회와 영혼에 이바지하는 바가 크고, '영적 불꽃'을 지키며 거기에 연료를 공급하고 있다. 이들이 하는 일은 다름 아닌 기도다.

너희 보물이 있는 곳에

물론 기도는 하나님과 관계가 있다. 하나님은 전혀 보도되지 않으나 광범위하게 수행되는 이 활동의 창시자이자 수령자이다. 하지만 기도는 그 밖의 많은 것, 곧 전쟁, 정부, 빈곤, 감상적인 생각, 정치, 경제, 일자리, 결혼과도 관계가 있다. 사실상 기도는 모든 것과 관계가 있다. 놀랍게도 오늘날 전문가들은 우리가 이기심이라는 문제를 안고 있다는 사실에 하나같이 동의한다. 이는 지혜로운 우리 선조들이 다음과 같은 행동 전략에 의견의 일치를 본 것, 이를테면 자아를 부정하거나 억누르거나 잘라내지 않으면서도 갑갑한 자아의 세계에서 벗어나 하나님의 광활한 세계로 들어가는 유일한 길은 기도밖에 없다는 사실에 의견의 일치를 본 것과 짝을 이룬다. 자아를 말살하고 사회를 파괴하는 자기중심성에서 벗어나 자아를 고양시키는 공동체로 들어가는 유일한 길은 기도밖에 없다. 기도 안에서만 우리는 자아를 왜곡하고 옥죄는 활동에서 벗어나 하나님의 진리와 하나님의 드넓은 품에 안길 수 있다. 놀랍게도 거기에서만 자아와 사회는 온전해지고 행복해진다. 여러분의 삶을 잃는 것만이 그것을 구원하는 길이다. 그리고 구원받은 삶은 여러분 자신의 삶일 뿐 아니라 다른 모든 이의 삶이기도 하다.

## 원천 행동

기도는 정치적 행동이다. 기도는 사회적 에너지다. 기도는 공공선이다. 국가의 생활은 입법으로 이루어지기도 하지만, 훨씬 많은 부분이 기도로 이루어진다. 우리가 무정부 상태에 빠지지 않은 것은 정치덕분이라기보다는 기도 덕분이라고 할 수 있다. 기도는 가장 폭넓은의미에서 일련의 복잡한 애국심의 발로이고, 슬로건으로 되풀이되는 여느 애국심보다 훨씬 정확하고 충실하고 지킬 만한 행동이다. 사회가 계속해서 살기 좋은 곳이 되고 희망이 계속해서 되살아나는 것은 사업 번창이나 예술의 번성보다는 기도 덕분이다. 기도야말로 이나라에 건강하고 힘찬 구석이 얼마간이라도 존재하도록 기여하는 단하나의 가장 중요한 행동이다. 물론 기도가 유일한 것은 아니다. 하나님께서는 모든 것을 활용하여 자신의 궁극적인 뜻을 완수하시고, 이모든 것에는 경찰관과 예술가, 국회의원과 교수, 치료사와 철강 노동자가 포함되기 때문이다. 그럼에도 원천 행동은 기도다.

사람들이 기도와 관련하여 품는 단 하나의 가장 광범위한 오해는기도가 사적인 행동이라는 것이다. 성경적으로 엄밀히 말하면, 사적인 기도는 존재하지 않는다. '사적인private'의 근본 의미는 도둑질과관련이 있다. 개인의 것으로 삼는 것은 곧 훔치는 것을 뜻한다. 기도를 사유화한다면, 이는 모든 이의 소유인 공금을 유용하는 셈이다. 우리가 시간과 공간 속에 임하시는 하나님나라를 갈망하지 않거나 자각하지 않은 채 기도에 몰두한다면, 이는 하나님께서 완성하고 계신사회 현실을 무력하게 하는 짓이 되고 말 것이다.

기도 가운데 독거하는 것은 혼자 사생활을 만끽하는 것과 다르다.사생활과 독거는 차이가 크다. 외부의 간섭으로부터 자신을 차단하는 것이 사생활이라면, 독거는 다른 이들의 말을 좀 더 깊이 듣고 그들을 의식하고 그들을 섬기기 위해 잠시 사람들 곁을 떠나 있는 것이다. 다른 이들에게서 벗어나 그들로부터 괴로움을 겪지 않는 것이 사생활이라면, 독거는 군중으로부터 벗어나 보좌에 앉아 다수의 찬양을 받으시는 하나님의 고요하고 세미한 음성의 지도를 받는 것이다. 사적인 기도는 이기적이고 천박하지만, 독거 속에서 이루어지는 기도는 다양한 목소리와 다양한 층으로 이루어진 공동체에 들어가게 한다. 말하자면 하늘의 모든 무리에 둘러싸여 천사들 및 대천사들과 함께 "거룩하십니다, 거룩하십니다, 거룩하십니다, 전능하신 분, 주 하나님!" 하고 노래하는 것이다.

사적인 언어가 있을 수 없듯이 사적인 기도도 있을 수 없다. 사적인 언어는 불가능하다. 발설된 모든 말은 복합적인 체험 공동체 안에서 장구한 발달사를 담고 있다. 모든 말은 관계를 형성하고 말하는 이와 듣는 이의 공동체를 형성한다. 기도도 그러하다. 기도는 하나님께서 말씀하시고 귀여겨들으신다는 광범위한 정황 인식 속에서 사용되는 언어다. 원하건 원하지 않건 우리는 말씀, 즉 발설되고 읽히고 이해되고 복종을 수반하는(혹은 오해되어 불복종을 수반하는) 말씀의 공동체와 연결되어 있다. 독거하며 기도하는 일은 있을 수 있지만, 사적으로 기도하는 일은 있을 수 없다. 기도는 타자他者이신 하나님과 타인들을 필요로 한다.

자아는 관계 속에 있을 때에만 건강하고 온전한 존재일 수 있으며, 이때의 관계는 하나님과의 관계와 타인과의 관계를 포괄하는 이

중적 관계다. 관계는 상호 의존, 주고 받기, 경청하고 응답하기를 함축하고 있다. 신학자 프리드리히 폰 휘겔은 기도하는 법을 배우고 있는 조카딸에게 이렇게 편지했다. "심원하고 중요한 사실을 깨달았는지 궁금하구나. 영혼, 그러니까 모든 영혼이 서로 연결되어 있고, 우리는 서로를 위해 기도하는 것은 물론이고 서로를 위해 고난을 겪을 수도 있다는 사실을 말이야. 이 상호 연결보다 실제적인 것은 없단다. 이 은혜로운 능력은 하나님이 우리 연약한 인간들의 마음속에 넣어 주신 것이란다."4 자아가 하나님이나 이웃과 같은 다른 자아를 이기적으로 이용하고 자신의 욕망에 종속시킨다면, 그 자아는 옹색하고 뒤틀린 모습이 되고 말 것이다. 자아가 창조성과 다른 자아와의 상호작용을 포기한다면, 그 자아는 무기력하고 거만한 모습이 되고 말 것이다. 주도권을 잡거나 다른 이들에게 주도권을 넘겨주는 것이 아니라 관계 속에 있을 때에만 자아는 온전한 자신이 된다. 그런 자아를 계발하려면 어찌해야 할까? 한편으로는 해적 같은 탐욕을 극복하고, 또 한편으로는 기생충 같은 게으름을 극복하려면 어찌해야 할까? 우리가 그리스도인으로서는 물론이고 시민으로서도 발전하려면 어찌해야 할까? 기도 이외에 다른 방법이 있을까? 의견, 사람, 연구 과제, 계획, 책, 위원회 등 여러 가지가 도움이 되겠지만, '꼭 필요한 한 가지'는 기도뿐이다.

너희 보물이 있는 곳에

# 기도 학교

최상의 기도 학교는 여전히 시편이다. 이 학교는 정치에도 몰두하는 학교다. 시편에서 우리에게 기도를 가르치는 이들은 이 부분에서도 흠 잡을 데 없는 이들이다. 이제까지 인간의 감각을 그토록 잘 평가하고 계발한 민족은 없었고, 스스로를 '하나님의 다스림을 받는 나라'로 이해한 민족도 없었다. 기도는 그들의 고유한 사회를 만들고 영혼을 양육하는 행위였다. 그들은 함께 있을 때에도 기도했고 홀로 있을 때에도 기도했다. 어떤 환경에서나 그 기도는 동일했다. 이 기도문, 즉 이 시편들은 대단히 개인적이면서 동시에 대단히 정치적이다.

'정치'라는 낱말은 통상적인 어법상 정부나 공무와 관련하여 '정치인이 하는 일'을 의미한다. 이 낱말은 종종 불쾌와 불만과 같은 저의底意를 지니기도 한다. 정치라는 분야가 다른 이들에게 지배력을 행사하려는 폭넓은 의도를 드러내고, 어떤 권력이든 남용되는 경우가 왕왕 있기 때문이다. 정치는 무자비한, 부패한, 야심만만한, 권력에 굶주린, 파렴치한 등과 같이 야비한 형용사로 더럽혀졌다. 그러나 더러워졌다는 이유로 이 낱말을 버려선 안 된다. 정치는 도시를 뜻하는 그리스어 폴리스polis에서 유래했다. 정치는 사람들이 공동체 안에서 어떤 의도를 가지고 살면서, 혹은 어떤 공동의 목적을 위해 일하면서, 혹은 사회 발전에 책임을 다하면서 수행하는 모든 일을 의미한다. 성경적으로 말하면, 정치는 만물 및 모든 이와 함께하시는 하나님의 일이 완성되는 장場이다(계 21장). 하나님은 동산에서 한 쌍의 사람과 함께 자신의 일을 시작하셨고, 지금도 도시에서 막대한 수의 사람들과 함께 자신의 일을 완수하신다.

그리스도인에게 '정치적'이라는 낱말은 광범위한 성경적 연상과 중요성을 지닌다. 그러니 오염되지 않고 악에 물들지 않은 다른 낱말을 찾기보다는 그 낱말을 있는 그대로 사용하고, 은혜에 어울리지 않는 곳에서 그 낱말에 의기하여 하나님을 보는 법을 훈련하는 것이 중요하다. "종교와 정치가 섞여선 안 된다"고 경고하는 이들은 자신이 무슨 말을 하고 있는지 확실히 알고 있다. 종교와 정치의 혼합은 십자군, 종교 재판소, 마녀 사냥, 착취와 같은 불행을 끊임없이 야기했다. 그럼에도 하나님은 "그 둘을 혼합하라"고 말씀하신다. 하지만 그 둘을 혼합할 때에는 매우 신중해야 한다. 비할 바 없이 안전한 방법은 기도 속에서 혼합하는 것이다. 삶을 종교 활동과 정치 활동으로 나누거나 성聖의 영역과 속俗의 영역으로 가르는 것은 비성경적이고 비현실적이다. 그러나 우리가 원하는 것이 진정한 혼합, 즉 정치가 종교가 되고 종교가 정치가 되는 것이라면, 하나를 다른 하나의 파렴치한 손아귀에 맡기는 일 없이, 다시 말해 정치가 종교를 이용해먹거나 종교가 정치를 이용해먹는 일 없이 이 둘을 혼합하려면 어찌해야 할까? 이 양극을 역동적으로 연결시키려는 근사한 목적에 부합하는 유일한 방법은 기도뿐이다. 시편은 행동하는 기도를 제시하는 가장 광범위한 원천 문서다.

시편은 편집된 책이다. 150편의 기도문을 수집하여 하나님에 대한 우리의 응답을 정확하고 깊이 있게, 포괄적으로 안내하고 형성하도록 배열한 책이다. 우리 안에 계신 하나님의 창조적 구원의 말씀을 느끼고 경험할 수 있도록, 모든 것이 이 기도문에 말로 표현되어 있다. 장 칼뱅은 시편을 가리켜 '영혼의 모든 부분을 해부한 책'이라고 불렀다.⁵ 첫 두 편은 서론으로서 신중히 배치되었다. 시편 1편은 레이저 광선을 사람에게 집중한 것이고, 시편 2편은 광각 렌즈로 정치에 초점을 맞춘 것이다. 두 편 모두 고의로 배치한 것이다. 두 시편은 두 가지 시각으로 기도 생활을 바라보는 서론이자 하나님의 말씀에 개인적으로('복 있는 사람은', 1:1), 그리고 정치적으로('모두 복을 받을 것이다', 2:11) 응답하려면 어찌해야 하는지를 알려주는 입문서다.

시편 1편은 하나님의 율법을 묵상하고 즐거워하는 사람을 제시하고, 시편 2편은 하나님께서 자신의 통치에 맞서는 자들의 음모를 다루기 위해 이용하시는 정부를 제시한다. 나머지 시편은 서론 역할을 하는 이 두 극단 사이에 있다. 그리고 이는 신앙생활에는 사적 생활과 공적 생활의 구분, 자아와 사회의 구분이 있을 수 없다는 증거가 된다. 그러나 현대 생활은 바로 이 연결에 거대한 심연이 자리하고 있음을 보여준다. 그 이유를 한 가지만 꼽자면, 이는 우리가 시편 1편만 좋아하고 시편 2편을 무시하기 때문이다. 기도하는 그리스도인은 모든 사람이 단호하게 습관적으로 흐트러뜨리는 것을 재통합한다. 현재 시편 2편과 같은 기도문이 너무나 무시를 당하는 까닭에 나는 시편 몇 편을 국가의 이기심을 끊는 데 도움을 주는 원천 기도문으로 다시 소개하는 것이 전략적으로 중요하다고 생각했다. 부분적으로 잊혔던 이 시편들은 기도의 증거 자료이자 기도의 형식이라고 할 수 있다. 우리는 이 시편 기도를 바치거나 그 방법을 따라 기도함으로써 자아의 장벽을 뚫고 그리스도께서 세우고 계신 하나님나라에 들어갈 것이다.

흔히들 시편은 양치기, 여행자, 도망자가 기도로 바친 사적인 작품이라고 잘못 생각한다. 면밀한 연구는 시편 전체가 단체 작품임을 증명한다. 말하자면 시편은 모두 공동체가 바치거니 공동체 안에서 드려진 기도문이라는 것이다. 독거 속에서 작성된 기도문은 회중 속에서 기도로 바쳐졌고, 회중 속에서 생겨난 기도문은 독거 속에서 계속 바쳐졌다. 두 종류의 기도문, 곧 공적 기도문과 사적 기도문이 있었던 게 아니다. 이러한 집단 탄식, 회중 찬양, 단체 중보기도를 개인의 위안을 위한 공식으로 활용하는 것은 시편의 정신을 거스르는 짓이다.

사적인 희열을 계발하라고 하나님께서 우리를 구원하시는 것이 아니다. 천국 맨션 입주 예약을 보증받으라고 하나님께서 우리를 구원하시는 것이 아니다. 우리는 하나님나라의 시민, 즉 한 사회의 시민으로 지어졌다. 하나님은 시편을 제공하시어 우리에게 하나님나라의 언어를 가르치신다. 그 시편 중에는 고요한 경건의 호수와 관련된 시편도 있지만, 싸움이 난무하는 정치와 관련된 시편도 있다. 우리는 떨어지는 참새 한 마리도 하나님이 부드럽게 지켜주신다고 쉽게 상상하면서, 어째서 하나님이 담배 연기 자욱한 밀실에도 계신다고 믿기를 주저할까?

국가와 공동체에 대한 우리의 인식이 왜곡될 때, 다수의 그리스도인이 기도를 사적인 행위로 격하시킬 때, 여타의 다수가 기도를 정치적 슬로건에 담아 퍼뜨릴 때, 우리는 기도의 하나님나라 차원을 회복할 필요가 있다. 회복은 고대에 만연했던 작업, 곧 시편 속에서 분명하게 드러나는 이기심 끊기에 정성을 기울임으로써 시작된다. G. K. 체스터턴이 20세기 초에 간절히 기원한 대로, 우리가 '이 세상과 제단의 하나님'께 생생한 기도를 바칠 때 회복의 계기가 주어질 것이다.[6]

## 모였을 때와 흩어졌을 때

이기심 끊기가 곳곳에서 수행되고 있다. 여러 무리의 사람들이 정기적으로 모여 이 작업에 매진하고 있다. 해산한 뒤에도 그들은 함께 시작한 일을 계속 이어간다. 그들은 끈기 있고 단호하고 실질적이다. 카를 야스퍼스는 이렇게 기록했다. "참으로 진실한 이들은 거의 눈에 띄지 않게 나타난다. 그들은 무엇보다도 고독하고 여기저기 흩어져 있다. … 우리 젊은이 중에서 장차 30년 뒤에 중요한 일을 하게 될 이들은 지금 조용히 자신의 때를 기다리고 있을 것이다. 게다가 그들은 이미 남의 눈에 띄지 않게 자유로운 영성 훈련을 통해 자신의 생활방식을 확립하고 있을 것이다."[7] 그들은 예배가 거행되는 자리에 모여 기도하고, 흩어져서는 가정, 가게, 공장, 사무실, 경기장, 시청, 법정, 감옥, 길거리, 운동장, 상점가로 스며들어 기도한다. 자신의 삶을 결속시켜주는 힘에 대해 전혀 알지 못하는 대다수의 사람은 그렇게 기도하는 이들이 있다는 사실조차 알지 못한다.

이처럼 기도하는 이들은 주변 사람 대다수가 모르거나 무시하는 사실, 곧 만족할 줄 모르는 자아의 요구에 삶을 집중하는 것은 파멸의 지름길이라는 사실을 잘 알고 있다. 그들은 웬델 베리의 견해에 동의한다. "서로 학대하고 토지를 남용하는 태도를 고치려면, 그리고 이러한 학대와 남용의 태도를 고치려는 노력이 일시적 정치 행태, 곧 긴 안목으로 볼 때 또 다른 학대와 남용의 형태가 되고 말 정치 행태 그 이상의 것이 되려면, 대중 집회와 정치 활동을 뛰어넘어야 할 것이다. 더 나은 정신, 더 나은 우정, 더 나은 결혼 생활, 더 나은 공동체의 실체와 참모습을 재건해야 할 것이다."[8] 그들은 자아에 국한된 삶은 감옥, 즉 기쁨을 약화시키고 신경증을 유발하고 질병을 조장하는 감옥이라는 것을 잘 알고 있다. 그들은 순전히 살아남으려는 의식에서 출발하여 개인으로서든 국민으로서든 이기심을 끊어낼 생활방식에 골몰한다. 주님이 말씀하신 대로 그들은 '빛'과 '효모(누룩)'다. 빛은 소리가 없고 효모는 눈에 보이지 않는다. 그들의 존재는 수수하지만, 그들의 생활방식은 문명을 조명하고 보존하시는 하나님의 방식이다. 그들의 기도는 국민 생활에 자리한 강력한 파괴력을 거스른다.

국가를 구원하는 데에 새로운 운동이 필요한 것은 아니다. 예로부터 전해오는 운동도 손색이 없고 나름의 역할을 썩 잘한다. 비상 시대가 비상수단을 정당화한다는 견해는 부당하고 해로운 조언이다. 우리에게 필요한 것은 새로운 캠페인, 새로운 의식 고취, 새로운 프로그램, 새로운 법률 제정, 새로운 정치, 새로운 개혁이 아니다. 예배 처소에 모여 기도로 자신을 바치는 사람들은 꼭 수행할 필요가 있는 일을 수행하고 있는 것이다. 그들은 다른 이들을 맞이하고 그들과 함께한다. 그들의 기도는 무릎을 꿇고서 하는 행위나 예배를 드리면서 하는 행위에 국한되지 않는다. 기도하는 이들은 사회에 들어가서도 우리를 사회로 이동시킨다. 우리가 어디에서 이 일을 하게 될지는 알 수 없다. 어떤 이들은 정치 운동 단체에서 눈에 잘 띄게 활동하는 반면, 어떤 이들은 가망 없어 보이는 곳에서 눈에 띄지 않게 활동한다.[9] 우리는 성령께서 우리 안에서 행하고 계신 일에 순종하는 법을 배우고, 순종을 통해 다른 길을 걷는 이들을 시샘하지도 비판하지도 않는 법을 배운다. 때로는 다른 이들이 하는 일이 불순종처럼 보이기도 하고, 때로는 열심히 행동하느라 기도의 열정을 버린 것처럼 보이기도 한다. 하지만 기도를 지속하는 이들은 다른 이들을 품어 안고, "우리를 악에서 구하소서"라고 기원하며 떠받친다.

이 시민들은 악마의 정체, 곧 기도는 신심 깊은 이들이 전능하신 분에게 얼마간의 사적인 행복을 구하면서 열중하는 경건 훈련이라고 속이거나, 기도는 세속적인 이들이 절망적인 상황에서 하는 경건 훈련이라고 속이거나, 아니면 위원회나 기관이나 홍보 활동을 통하는 것이 소위 현실 세계에서 일을 완수하는 방법이라고 속이는 악마의 정체를 폭로해왔다. 이들은 기도가 얼마나 깊고 포용적이고 개혁적이며 혁명적인지 알아챘다. 기도는 사회를 형성하고 영혼을 훈련시키는 데 꼭 필요한 활동이다. 기도는 필연적으로 개인을 필요로 하지만, 개인에게서 시작되지도 개인으로 끝나지도 않는다. 우리는 공동체로 태어나 공동체 안에서 양육된다. 공동체가 우리의 수준을 저하시키기도 하고 향상시키기도 하듯이 우리의 말과 행동, 우리의 존재와 생성도 공동체의 수준을 저하시키거나 향상시킨다.

기도는 지레받침, 즉 커다란 지레를 움직이게 하는 작은 받침점의 원리에 따라 움직인다. 하늘과 땅의 접점, 하나님과 이웃의 접점, 자아와 사회의 접점에서 인식하고, 강화하고, 확장하고, 심화시키는 것이다. 기도는 삶의 안과 밖을 통합하고, 사적인 것과 공적인 것을 서로 연결시키고, 개인의 욕구와 사회의 이익을 중점적으로 다루는 활동이다. 우리가 하는 일 중에서 기도만큼 사회와 영혼을 동시에 유익하게 하는 것은 없다.

기도하는 이들은 사적인 동기와 공적인 동기로 기도한다. 이 동기는 하늘에서 땅까지, 땅에서 하늘까지 뻗어 있다. 그들은 자기 보존의 동기로 기도하되 자기 목숨을 잃는 사람만이 그것을 얻으리라는 진정한 권위자의 말씀을 귀여겨듣는다. 또한 그들은 애국심의 발로로 기도한다. 생명이 긴밀히 상호 의존하고 있음을 아는 까닭이다. 모든 오염 행위, 모든 오심誤審, 의도적인 모든 잔학 행위는 나라 한복판에서 일어날 때는 물론이고 지구 반대편에서 일어날 때조차 직접적인 피해자는 물론이고 그렇지 않은 이들까지 약화시키게 마련이다. 엄밀히 말해서 이 통찰은 기독교만의 것이 아니다. 예컨대 이교도 마르쿠스 아우렐리우스도 그 점을 분명히 알고 있었다. "만물은 서로 뒤얽혀 있다. 연결은 신성하다. 여하한 것도 그 밖의 것에게 이질적이지 않다."[10] 그러나 전략은 기독교의 것이다.

너희 보물이 있는 곳에

기도는 상호연결을 수선하고 치유하는 것이다. 기도는 성과 속(하나님을 떠난 자아)을 분리시키는 원인을 찾아서 그것을 끝까지 치료하고, 약속된 새 하늘과 새 땅만을 받아들인다. 기도하는 이들은 "우리의 시민권은 하늘에 있다"고 말하면서 하늘의 상을 열심히 추구한다. 그러나 보이지 않는 것을 열심히 추구하는 것은 일을 잘하고 공정하게 경기하고, 진정서에 서명하고, 세금을 납부하고, 악인을 꾸짖고, 의인을 격려하고, 비에 젖고, 꽃향기를 맡는 등 일상사에 연루되는 것을 피하는 것이 아니다. 기도하는 이들은 자신들이 만지고 냄새 맡고 눈여겨보고 맛본 현실의 어마어마하고 변화무쌍한 조각을 기도에 담는다. 그들은 "황제의 것은 황제에게 돌려주고, 하나님의 것은 하나님에게 돌려드려라" 하신 주님의 명령에 복종한다.

Where
Your
Treasure
Is

## 2

하나님이 지으신 존재

—

그 터전이 거룩한 산 위에 있구나.

주님은 시온의 문들을

야곱의 어느 처소보다 더욱 사랑하신다.

너 하나님의 도성아,

너를 가리켜 영광스럽다고 말한다. (셀라)


"내가 라합과 바빌로니아를

나를 아는 나라로 기록하겠다.

블레셋과 두로와 에티오피아도

시온에서 태어났다고 하겠다."

시온을 두고 말하기를,

"가장 높으신 분께서 친히 시온을 세우실 것이니,

이 사람 저 사람이 거기에서 났다"고 할 것이다.

주님께서 민족들을 등록하실 때에,

그 수를 세시며 "이 사람이 거기에서 났다"고 기록하실 것이다. (셀라)


노래하는 이들과 춤을 추는 이들도 말한다.

"나의 모든 근원이 네 안에 있다."

> 거듭난 사람은 이 경험 속에서 살되 조바심치며 자기 자신
> 에게 골몰하지 않는다. 그의 삶은 새로워졌다. 새 창조를
> 지향하고 성령의 현존 속에서 '영광의 보증'인 성령의 영향
> 을 받으며 살기 때문이다.[1]
>
> **위르겐 몰트만**

간선도로에서 막 빠져나와 메릴랜드에 있는 집으로 가는 도중에 우리 부부는 "짝짓기가 뭐예요?"라는 질문을 받았다. 시카고 교외에 있는 친구의 집에서 휴가를 보내다가 새끼 고양이의 탄생을 목격했다. 우리가 휴가 중에 접한 가장 중요한 사건이었다. 일곱 살배기 딸아이는 지저분하고 놀라운 탄생의 기적에 완전히 매료되었다. 딸아이는 그 장면을 지켜보기도 하고 소리를 지르기도 하다가 이런저런 질문을 해댔다. 큰 아이들이 어중간한 대답으로 딸아이를 못살게 굴었다. 딸아이가 좀 더 자세한 대답을 졸라대자 큰 아이들이 생색을 내면서 엄마아빠에게 물어보는 게 좋겠다고 말했다.

"짝짓기가 뭐예요?" 아내와 나는 언젠가 때가 되면 딸아이가 우리에게 이렇게 물으리라는 것을 알았고, 최상의 대답을 하려면 어찌해야

하는지를 놓고 미리 의논해둔 상태였다. 성에 대한 어린아이의 호기심을 생명에 대한 경외감으로 바꾸어주자는 게 당시 우리 부부가 세운 계획이었다. 하지만 그 질문을 이렇게 빨리 받을 줄은 예상하지 못했다. 그 바람에 우리는 제대로 된 대답을 하지 못했다. 시카고의 혼잡한 도로를 달리려면 주의를 집중해야 했기에, 나는 우리가 전부터 둘이 함께 이야기하자며 동의한 내용을 아내 혼자 즉흥석으로 말하도록 놔둘 수밖에 없었다. 우리는 이런 일이 생기면 손에 노트를 들고 충분히 연습한 다음 명쾌하게 최상의 모습을 보여주고 싶어 하지만, 현실은 전혀 그렇지 않다. 갑자기 허를 찔리고 마는 것이다.

대답을 몇 가지 딱딱한 사실로 축소시키거나 완곡어법으로 얼버무리는 것을 피할 수 있을까? 큰 기쁨을 이야기하기에는 어떤 말도 부적합한 것 같다. 그럼에도 무언가를 말해야 하고, 몇 마디라도 말해서 일곱 살배기에게 사실을 알려줌은 물론이고 진실도 알려주어야 한다. 온 힘을 쏟아 대화를 하다 어느 순간 더듬거리며 방향을 잘못 트는 바람에 성가신 우회로에 접어들고 말았다. 이후 몇 시간 동안 몸짓을 섞어가며 복잡하고 기나긴 성교육이 이루어졌다. 호기심이 있어 긴장되고 배려가 있어 아주 즐거운, 잊지 못할 시간이었다. 서툴게 출발하여 설득력 있게 설명하고, 통찰력을 발휘하고, 몇 차례 곤혹스러운 침묵의 시간을 갖기도 했다.

# 경이로운 탄생

시편 87편은 탄생에 대한 반응, 곧 경탄과 더듬댐과 흥분이 뒤섞인 반응이다. 태어났다는 표현이 세 번이나 등장한다. "시온에서 태어났다"(4절). "이 사람 저 사람이 거기에서 났다"(5절). "이 사람이 거기에서 났다"(6절). 탄생. 탄생. 탄생.

잘 정돈된 문장을 좋아하는 학자들은 여러 시편 중에서 이 시편이 가장 이해하기 어렵고 가장 혼란스러운 본문이라고 불평한다.[2] 문장은 불완전하다. 접속어도 생략되어 있다. 변화가 급격하고 이미지도 왜곡된 것처럼 보인다. 하지만 시인들(과 부모들)은 중대한 질문, 엄청난 사건을 마주할 때 모호한 표현을 쓸 수밖에 없다는 사실을 잘 알고 있다. 그들은 모호한 표현을 너그러이 보아줄 뿐만 아니라 실제로 장려하기도 한다. 그들은 자기가 경험한 것보다 사태를 더 분명하고 정연하게 표현하는 것은 진실을 오도하는 것임을 잘 알고 있다. 시편 87편의 본문이 어수선한 이유는 수세기에 걸친 필사와 전승 과정에서 문장이 망실되거나 위치가 바뀌어서가 아닐 것이다. 시편 87편은 넘치는 의미, 넘치는 실재를 마주하여 서툴지만 정직하게 표현한 자발적 기도일 것이다.

탄생. 그것은 어떻게 이루어지는가? 무엇이 탄생을 이끌어내는가? 탄생은 우리의 주의를 끌고 우리를 놀라게 하고 우리의 호기심을 자아내는 힘을 전혀 잃지 않는다. 어째서 무無가 존재하지 않고 유有가 존재하는가? 어떻게 생명은 어둠과 고통 속에서 갑자기 모습을 드러내는가? 한껏 울어대는데도 어째서 기뻐하는가? 불꽃이 위로 튀듯이 아이가 고통스럽게 태어나는 것을 안다면, 슬퍼해야 하지 않을까? 이 아이가 겪게 될 상처와 거절과 슬픔을 안다면, 손을 부들부들 떠는 것이 적절한 반응이 아닐까? 어떤 이들은 출산을 저지하고 어떤 이들은 임신을 중절하기도 한다. 하지만 다 그런 것은 아니다. 인류가 압도적으로 그리고 본능적으로 동의하는 견해는 생명은 아름답다는 것이다. 모든 탄생은 건강하고 순수한 생명이 죽음을 약속받은 우리의 삶에 침입하는 사건이다. 해산의 고통, 아이를 성인기까지 양육하는 데 필요한 막대한 수고, 질병에 걸리고 사고를 당할지 모르는 불확실성에도 탄생은 기쁜 소식이다.

하지만 탄생이 자주 일어나고 그때마다 기쁨을 주체하지 못하면서도 일반적으로 우리는 탄생의 의미에 주의를 기울이지 않고 급히 자리를 뜬다. 놀라운 생명을 보고 넘쳐흐르던 기쁨이 죽음에 대한 공포로 변한다. 우리는 이 강건한 생명을 보고 충격을 받아 놀라다가도 이내 온갖 파멸의 조짐에 포위되고 만다. 그리고는 또 다시 탄생을 마주하게 되면, 신비에 젖어들어 경외감으로 반응한다. 왜 그런 걸까? 우리는 탄생 과정을 설명할 수 있고 탄생의 생리적 특성과 유전적 특성을 세세히 알고 있다. 그러나 우리의 어떤 설명도 경외감을 자아내지는 않는다.

부모는 염색체 청사진을 들고 자리에 앉아 아이를 설계하지도, 머리털 색깔과 피부 조직과 체형을 설계하지도 않는다. 아이에게 25년 뒤에 가장 연봉을 많이 받는 직업을 갖게 해주겠답시고 특정한 신장身長 프로그램, 특정한 지능지수 프로그램, 직업 적성 프로그램을 짜려고 하는 것은 터무니없는 짓이다. 우리는 생식 과정에 돌입할 때 냉정하게 한 걸음 물러서서 통계적 확률을 따지지 않는다. 임신과 출산에 집중된 어마어마한 양의 생리적 정보를 일일이 대조하지도 않는다. 그저 우리를 압도하는 신비 속으로 안내될 뿐이다. 우리의 의도가 어느 정도 역할을 하기는 하지만, 가장 큰 역할을 하는 것은 아니다.

20세기 초에는 우생학 열풍이 상당했다. 우량종 양과 우량종 염소를 낳을 잠재적 암컷과 수컷을 고르는 것이 우생학 프로그램이었다. 그 무렵 두뇌는 명석하지만 얼굴이 못 생긴 조지 버나드 쇼와 눈부시게 아름답지만 머리가 텅 빈 여배우 사이에 유명한 언쟁이 이루어졌다. 여배우가 잘난 체하며 이렇게 말했다. "오오, 쇼 씨, 우리는 정말 아이를 낳아야 해요. 당신은 그리 생각하지 않나요? 아이가 나의 외모와 당신의 두뇌를 타고난다면 정말로 비범한 인물이 될 거예요!" 그러자 쇼는 이렇게 대답했다. "하지만 아이가 나의 외모와 당신의 두뇌를 타고나면 어쩌려고요?"

이와 같이 해선 안 된다. 탄생을 마주하여 우리가 할 일은 계산이 아니라 경탄이다. 우리는 이렇게 환호한다. "시온에서 태어났다. … 이 사람 저 사람이 거기에서 났다. … 이 사람이 거기에서 났다." 탄생을 마주하는 것은 생명의 원천을 마주하는 것이다. 탄생을 마주하는 자리에서는 생존에 대한 집착과 죽음에 대한 예감이 잠시나마 약화된다. 자발적인 행동이 나타난다. 잠시나마 우리의 자아에서 벗어나는 것이다. 마르틴 부버는 이렇게 말했다. "각각의 사람은 유일무이

하다. 따라서 한 아이가 태어날 때에는 언제나 또 하나의 첫 번째 사람이 이 세상에 들어오는 것이다. 살아 있는 까닭에, 모든 이가 아이처럼 자기 자신의 근원을 더듬어 찾는 까닭에, 우리는 근원이 존재하고 창조가 존재한다는 사실을 경험하여 알게 된다.”³ 가장 평범한 탄생조차 우리가 철저한 노력과 정교한 과학기술로 성취할 수 있는 것보다 훨씬 차원이 높다. 여기에 신비가 있다. 하지만 그것은 어둠이 아닌 빛의 신비, 선량함이 충만하고 행복이 넘치는 신비다. 모든 탄생은 우리에게 다음과 같은 원천을 강력하게 상기시킨다. 말하자면 우리 자신과는 다른 어떤 이 안에 우리의 근원이 있으며 이 근원은 우리 자신보다 뛰어나다는 것이다.

## 아기가 아니라 민족

이 시편에서는 태어난 이 다섯의 이름을 밝힌다.

“내가 라합과 바빌로니아를
나를 아는 나라로 기록하겠다.
블레셋과 두로와 에티오피아도
시온에서 태어났다고 하겠다.”

어찌된 일인가? 이 이름들은 사람이 아닌 민족의 이름이다. 상상

너희 보물이 있는 곳에

을 뒤집는다. 옹알이하고 우는 아기들에게 주의를 기울이고 있다고 생각했는데, 실제로는 사납고 무서운 민족들과 맞닥뜨리게 된 것이다. 이 민족들은 이스라엘의 적이다. (이집트의 옛 명칭인) 라합은 이스라엘을 400년 이상 노예로 부린 민족이고, 바빌로니아는 예루살렘 성벽을 무너뜨리고 성전을 약탈하고 이스라엘 사람들을 황량한 타향살이로 내몬 민족이다. 블레셋은 해안에 자리 잡고 무자비하게 습격을 일삼으며 일체의 도덕적·영적 실재에 대해 대단히 둔감하다는 평을 받아 마땅한 적이고, 두로는 사치 때문에 쇠락한 부유하고 약삭빠른 상인 족속이자 고대 세계의 약탈자 귀족이다. 에티오피아는 용병을 자처하던 사하라 이남 출신 군인 족속이다. 옛 이스라엘의 다섯 적이 탄생의 경이와 신비를 곰곰이 생각하는 기도문에 담겨 있다니 어찌된 일일까? 믿기지 않겠지만, 만족스러운 답변은 다음 한 가지뿐이다. 말하자면 그들이 거듭나서 그 기도문에 담기게 된 것이다.

전 세계에서 가장 바람직하지 않은 민족이 하나님 안에서 새 생명을 찾았고, 이 새 생명을 적절히 기술하려면 근본적으로 생명을 분출하는 탄생의 은유를 동원하는 수밖에 없었다. 이처럼 민족을 초월하고 문화를 초월하고 인종을 초월하게 된 것은 히브리 사람들이 박해와 포로생활로 주변 여러 나라에 흩어지는 바람에 나타난 결과, 믿기지 않지만 행복한 여러 결과 가운데 하나였다. 히브리 사람들을 분산시켜 자기네와 섞여 살게 한 민족들이 히브리 사람들을 주시하고, 히브리 사람들의 생활방식을 눈여겨보고, 히브리 사람들이 성경을 읽고 필사할 때에 그 모습을 어깨 너머로 보고, 히브리 사람들의 신앙과 히브리 사람들의 하나님에 관해 질문을 던졌던 것이다.

히브리 사람들은 공격적으로 개종을 권하는 민족이 아니라 대단히 진지한 민족이었다. 인생의 의미를 진지하게 성찰하고 하나님과 맺은 계약을 진지하게 대하는 민족이었다. 그들은 다른 이들을 자신들의 생활방식으로 전향시키는 운동을 벌이지 않았지만, 그들의 신앙은 전염성이 강했다. 히브리 사람들을 자기네와 섞여 살게 한 민족들은 히브리 사람들의 눈부시게 강렬한 예배에 매료되었고 거룩함의 성숙한 순례에 마음이 끌렸다.[4] 그들은 미신적 관습, 영과 신성이 담긴 도구들, 아둔한 자기 몰두를 버렸다. 그들은 유대인의 증언을 통해 하나님의 실재를 발견했다. 그들에게 하나님은 창조하신 분, 고난의 현장에 개입하신 분, 구속의 길을 여신 분이었다. 그들은 믿었고 유대인이 되었다. 세상의 방식을 버리고 하나님의 방식에 집중하는 것은 굉장히 매력적인 삶이었다. 그것은 대중 운동이 아니었지만, 강렬함과 창조성과 영향력 면에서 그것에 필적할 만한 것이 없었다.

해마다 재력 있는 유대인은 예루살렘으로 돌아가서 자기들 신앙의 커다란 전환점인 유월절, 수장절, 초막절을 경축했다. 그 순례자 무리 속에서 낯선 이들이 눈에 띄기 시작했다. 피부색이 어둡고 코의 생김새가 다른 사람들이었다. 이는 히브리 사람들의 경험에 정통한 사람 누구도 예상하지 못한 일이었다. 유대인은 문화의 세상에서 국외자, 외부인, 외국인으로 사는 것이 예사였다. 이스라엘의 신앙은 이스라엘 안에서조차 대중적인 종교가 아니었다. 이스라엘 안에서는 군중의 욕구에 부응한 바알 숭배가 이스라엘의 신앙을 끊임없이 깔

너희 보물이 있는 곳에

보았다. 이스라엘의 신앙은 대다수의 사람들이 종교 안에서 필요로 하는 것을 전혀 충족시켜주지 못했다. 유대인은 언제나 소수 민족이 었고 대체로 박해받고 고통당하는 소수 민족이었다.

살아 계신 하나님과 열정적인 사람들에게 하는 호소는 진정성이 있었다. 유대인이 섞여 살던 모든 나라에서 예리한 자들은 유대인의 이야기와 노래와 기도문에서 거룩하신 하나님과 건강한 인간성을 감지했다. 그들은 유대인에게 마음이 끌려 유대인과 합류했고 신앙의 길에 들어섰다. 이내 그들 역시 예루살렘으로 성지 순례를 떠났다. 수십 년이 지나고 수세기가 지나면서 중동의 도로를 가로지르는 사람들은 유대인 부족처럼 보이지 않고 점점 더 연합 민족으로 보였다. 예루살렘 성벽 위에 서서 순례 행렬이 다가오는 것을 지켜보는 사람은 우리가 갓난아이를 보고 호기심에 휩싸여 인사로 표하는 경외심과 경탄, 그리고 우리가 타지의 자동차 번호판을 확인하면서 갖게 되는 기쁨을 결합시켜 이렇게 말했을 것이다.

"내가 라합과 바빌로니아를
나를 아는 나라로 기록하겠다.
블레셋과 두로와 에티오피아도
시온에서 태어났다고 하겠다."

이들이 거듭난 것이다. 예루살렘에서 예배하도록 마음을 잡아끈 신앙 안에서 이들이 태어난 것이다. 절기에 관해 설파된 신앙 안에서 이들이 태어난 것이다. 그 행렬을 지켜보던 이 사람은 고개를 돌려 도시의 성문 안에 있는 국제적 무리를 보고 그 도시에 관해 이렇게 외친다.

시온을 두고 말하기를,

"가장 높으신 분께서 친히 시온을 세우실 것이니,

이 사람 저 사람이 거기에서 났다"고 할 것이다.

어머니 시온, 곧 예루살렘은 정치적 수도나 문화의 발상지로서가 아니라 탄생지로서 중요한 도시였다.[5] 이 도시, 곧 시온의 자궁에서 온전한 인격이 태어난다. 있음직하지 않은 가족이 이 모체로부터 세상에 태어났다. 이집트, 바빌로니아, 블레셋, 두로, 에티오피아가 같은 부모를 인정하게 될 줄 누가 짐작이나 했을까? 시온의 자궁은 계시의 장소이자 예배 장소이며 결국에는 성육신의 장소이기도 하다. 우리는 변화의 영역에 들어갔다가 변화되어 그곳을 떠난다.

몇백 년 뒤, 예수님은 늦은 밤에 니고데모와 비범한 대화를 나누던 중 핵심 구절을 시편에서 뽑으셨다. "너희가 다시 태어나야 한다." 예수님과 니고데모 두 사람 다 시편으로 기도하던 이들이다. 시편은 그들 두 사람을 양육한 기도서다. 니고데모는 아래의 구절을 수차례 암송하거나 노래했던 사람이다.

주께서 민족들을 등록하실 때에,

그 수를 세시며 "이 사람이 거기에서 났다"고 기록하실 것이다.

그러나 익숙한 것을 마주할 때 자주 그러하듯이 시편은 니고데모
와 관계가 없었다. 그저 과거의 종교 유산일 뿐이었다. 그는 기도 '속
에' 있어본 적이 한 번도 없었다. 그랬다가 이제야 예수님과 대화하면
서 기도 '속에' 있게 된 것이다.

육체의 탄생이 하나의 놀라움이라면, 영적인 탄생 역시 또 하나의
놀라움이다. 둘 다 엄청난 사건이다. 우리는 어느 하나를 깊이 생각하
거나 둘 다를 깊이 생각함으로써 우리의 근원에 이르게 된다. 말하자
면 우리는 스스로 있는 존재가 아니라 하나님이 지으신 존재라는 것
이다.


## 하나님의 도시

탄생을 접하고 경탄하기 위한 장소가 도시라는 것은 의미심장한
사실이 아닐 수 없다.

그 터전이 거룩한 산 위에 있구나.
주님은 시온의 문들을
야곱의 어느 처소보다 더욱 사랑하신다.
너 하나님의 도성아,

너를 가리켜 영광스럽다고 말한다.

우리는 하나님이 도시를 사랑하신다는 사실을 깊이 생각해보아야 한다. 기독교의 의식 속에는 커다란 틈이 있었다. 그것은 우리가 신앙인으로서 갖는 개인적 정체성과 국가의 시민으로서 갖는 정치적 책임 사이의 틈이었다. 우리는 새로운 탄생에 기뻐하면서 어른의 삶에는 넌더리를 친다. 갓난아기를 꺼안을 때면 우리의 가장 선한 천성이 부상한다. 우리에게 폐를 끼치는 정도로 치면 아이가 훨씬 심하건만, 그런 아이는 사랑하면서 만원 버스에서 옆에 앉아 불쾌한 냄새를 피우는 주정뱅이는 조금도 사랑하지 못한다. 우리는 개종자를 기쁜 마음으로 환영하지만, 우리를 지배하는 정부에 대해서는 심하게 툴툴댄다. 우리는 국가 안에서도 교회 안에서도 맹렬히 불평을 늘어놓는다. 기독교 공동체 안에는 일체의 시민 의식이 사라지고 신생의 신분만 유지되는 거대한 영역이 존재한다. 그러나 성경의 경험 속에는 이러한 불화의 흔적이 존재하지 않는다.

시편 87편에 등장하는 거듭난 이들은 도시에서 벗어나 내밀히 하나님을 추구하지 않는다. 그들은 도시에 들어가서 그 도시의 행정에 참여하는 사람이 된다. 기도는 사적인 것(한 사람의 탄생)과 공적인 것(도시)을 결합하는 행위다. 유아는 자라서 시민이 되고 유아 안에서 축하받던 생명은 자라서 시민이 감당해야 할 책임으로 발전한다.

새로 태어난 이들이 들어가는 곳은 도시이지 시골이 아니다. 시골에서는 삶을 제 힘으로 꾸려나가고 자수성가한 사람이 되겠다는 환

너희 보물이 있는 곳에

상에 빠질지도 모른다. 마음이 맞지 않는 사람들과 가까이 지낼 필요도 없고 우리의 삶을 곤란하게 하는 자들의 도움에 의지할 필요도 없을 것이다. 그러나 도시에서는 그렇지 않다. 도시는 우리를 도시의 업무와 정치에 연루시킨다. 좋든 싫든 우리는 교통 기관, 행정 기관, 사법 제도의 운용에 연루된다. 더욱이 도시 한가운데에서는 책임감 있게 행동하지 않으면 안 된다.[6]

'찬사가 쏟아지는' 하나님의 도시는 정치적 견해가 다른 정치인들이 논쟁거리로 삼고 언론인들이 기사거리로 삼는 그 예루살렘이 아니다. 그렇다고 그 도시가 가시화되지 않는 것도 아니다. 그 도시는 하나님이 자신의 목적을 이루시고 하나님의 영광이 빛나는 도시이지만, 동시에 현실의 도시, 즉 교회와 문화, 예배와 비바람이 있는 도시다. 그 도시는 '시온'이라는 고유 명사로 두 번이나 언급된다(5절). 시온은 국제적인 자손을 낳는 어머니다. 하지만 이러한 고유 명사는 '거기에서'라는 지리적 대명사에 포위되어 있다(4, 6절). 그 도시 아래 화강암 산이 있고, 돌쩌귀로 움직이는 문들이 그 도시 안으로 열려 있다. '거기에서.'

영적 탄생은 우리를 물리적 도시에 안착시킨다. 우리는 한 가족의 형제자매이기도 하지만, 거대 도시(어머니 도시)의 시민이기도 하다. 우리의 이름은 출생증명서에도 기록되지만, 납세증명서에도 기록된다. 이는 우리가 공익을 위해 여러 책임을 맡고 있음을 의미한다. 우리는 시편 87편으로 기도함으로써 의식적으로 공익에 헌신하고, 정치 세계를 낯선 기반이 아닌 성경적 기반으로 보게 된다.

# 어머니 시온

예루살렘을 처음 방문할 때 늦은 오후에 도착했다. 해가 지는 동안, 곧 안식일이 시작되는 동안에 서쪽 벽(통곡의 벽)에 도착하고 싶었다. 시간이 늦었고 길도 알지 못했다. 나는 좁고 붐비는 예루살렘 거리를 뛰어다니며 여러 번 방향을 물었다. 몇 번 방향을 바꾸고 숨을 헐떡인 뒤에야 목적지에 닿았다. 벽이 있었다. 성경에 나오는 성전 건물 중에서 남아 있는 것은 벽 아랫부분의 바위 몇 개가 전부였다. 벽 앞쪽에 포장된 뜰이 있는데, 사람들이 모여 기도하는 곳이다. 유대인에게 그 벽은 이 세상에서 가장 거룩한 장소다.

고딕 양식의 대성당, 힌두교 사원, 불교 사원, 이슬람 사원 등 대다수의 성소는 건축학적으로 화려하다. 하지만 이 벽 주위에는 화려한 것이 전혀 없다. 그곳을 찾아가는 사람이 직면하는 것은 평범하고 널따란 바위뿐이다. 그곳에서 기도하는 사람은 선 채로 비바람을 고스란히 맞는다. 그곳은 아름다움을 내뿜지도 극적인 효과를 발휘하지도 않는다. 하지만 우리는 어머니에게서 아름다움이나 오락을 구하지 않는다. 그저 근원에 있고 싶어 할 따름이다. 어머니 시온. 탄생 장소. 오로지 이 때문에 찬사가 쏟아진다. 어머니 구실이라는 단순하면서도 멋진 사실이 다른 모든 중요한 것을 부차적인 것으로 만들어버린다.

그새 해가 떨어졌다. 신호음이 울리고 안식일이 시작되었다. 나는 꾸밈없는 벽, 호감을 주지 못하는 벽을 마주하고 선 채 기억하고 있던 내용을 급히 줄줄이 떠올리며 깊은 감동에 젖어들었다. 나는 다윗이 다스리고 솔로몬이 건축하고 이사야가 설교하고 예레미야가 슬피 울던 곳에 서 있었다. 예수님이 가르치시고 고난당하시고 죽으셨다가 부활하신 곳이었다. 내 뒤쪽 먼데서 노랫소리가 들렸다. 뒤돌아보니 대략 300명의 젊은이가 7열 횡대로 어깨동무를 하고서 리듬에 맞춰 즐겁고 엄숙하게 광장을 가로질러 벽 쪽으로 이동하고 있었다. 나중에 전해들은 바에 의하면, 그들은 예시바yeshiva에 다니는 랍비 지망생이었다. 그들은 벽 앞쪽에 있는 안뜰에 이르러 커다란 동그라미를 만든 다음 기도 장소에서 노래하고 춤을 추었다.

내 인생에서 가장 감동적인 순간 가운데 하나였다. 깊고 대단히 강렬한 감정이 내 속에서 들끓었다. 거룩한 장소(서쪽 벽), 거룩한 날(안식일), 거룩한 도시(예루살렘), 다수의 거룩한 사람들. 모든 인종이 눈에 띄었고 여러 언어가 귀에 들렸다. 이 모든 것이 춤추며 노래하는 젊은이들 속에서 몸짓으로 그리고 목소리로 표현되고 있었다. 갑자기 그 순간을 묘사하는 짧은 시구로 시편 87편의 마지막 문장이 떠올랐다.

노래하는 이들과 춤을 추는 이들도 말한다.
"나의 모든 근원이 네 안에 있다."

노래와 춤은 넘치는 에너지의 산물이다. 우리는 보통 때에는 이야기하고 죽어갈 때에는 나지막이 속삭이지만, 우리의 수용력을 넘어서는 것이 우리 안에 있을 때에는 노래를 부른다. 우리는 건강할 때에는 걷고 늙어서는 발을 질질 끌지만, 도가 지나칠 만큼 활력이 넘칠 때에는 춤을 춘다.

도가 지나칠 만큼 우리를 살리는 에너지, 우리를 자기 힘으로 살지 않게 하는 에너지, 노래하고 춤추게 하는 에너지를 우리는 어디에서 얻을까? '네 안에서.' 예배 장소, 설교 장소, 기도 장소, 정치의 장소에서 얻는다. 하나님이 계시와 통치를 위해 세우신 장소에서, 눈에 보이는 것들 속에서 눈에 보이지 않는 것의 존재를 확언하는 장소에서, 우리 주위와 우리 아래쪽과 우리 안에서 벌어지고 있는 일에 주의를 기울이도록 따로 구별된 시간과 장소에서 얻는다. '네 안에서,' 즉 사물이 시작되는 곳, 샘이 있는 곳, 죄와 무관심과 어리석음의 지층을 뚫고 솟아올라 노래와 춤의 분수로 분출되는 새 생명의 깊고 멈출 수 없는 근원에서 얻는다. 찬양이 공중재비를 하고 복종이 옆으로 재주를 넘는다. "나는 그리스도의 장단에 맞춰 은혜의 줄넘기를 한다."[7]

3

하나님께 집중하는 기도

—

주님께서 내 주님께 말씀하시기를
"내가 너의 원수들을 너의 발판이 되게 하기까지,
너는 내 오른쪽에 앉아 있어라" 하셨습니다.

주님께서 임금님의 권능의 지팡이를
시온에서 하사해주시니,
임금님께서는 저 원수들을 통치하십시오.
임금님께서 거룩한 산에서
군대를 이끌고
전쟁터로 나가시는 날에,
임금님의 백성이 즐거이 헌신하고,
아침 동이 틀 때에 새벽이슬이 맺히듯이,
젊은이들이 임금님께로 모여들 것입니다.
주님께서 맹세하시기를
"너는 멜기세덱을 따른 영원한 제사장이다" 하셨으니,
그 뜻을 바꾸지 않으실 것입니다.

———

주님께서 임금님의 오른쪽에 계시니,

그분께서 노하시는 심판의 날에,

그분께서 왕들을 다 쳐서 흩으실 것입니다.

그분께서 뭇 나라를 심판하실 때에,

그 통치자들을 치셔서,

그 주검을 이 땅 이곳저곳에 가득하게 하실 것입니다.

임금님께서는 길가에 있는 시냇물을 마시고,

머리를 높이 드실 것입니다.

성경의 사상계에서 인간은 자신의 인격에 중심을 두기보다는 하나님께 중심을 두는 존재가 되어야 한다. … 그들은 인간의 인격보다는 하나님의 드라마에 관심을 기울이고, 인자한 갈릴리 사람의 매력보다는 초자연적인 사건에 관심을 기울였다.[1]

**도널드 베일리**

상황이 썩 좋지 않다. 사실상 좋았던 적이 한 번도 없다. 참 묘한 일이 아닐 수 없다. 우리는 대단히 아름다운 것들에 둘러싸여 살고 있다. 밑의 땅과 위의 하늘은 우리를 깜짝 놀라게 하는 형태와 소리와 빛깔을 담고 있다. 우리 자신은 어마어마한 크기의 경이이다. 시, 사진, 이야기, 풍경화, 초상화, 연주회, 기계, 도구, 건물, 정원, 교량, 엔진, 댐, 서정시, 소네트, 모자이크, 조각 작품, 도자기, 직물 등 인간이 만들어내는 것의 풍부함에는 끝이 없다. 다수의 사람은 미국 정부가 이 세상이 이제껏 보지 못한 정치적 자유와 책임을 가장 성공적으로 결합한 나라라고 생각한다. 우리의 안식처인 야생 상태의 아름답고 멋진 땅, 탁월한 지성과 훌륭한 감각을 지닌 사람들, 민주 정치의 분명한 성공, 이 모든 것을 누리고 있건만, 어찌하여 상황이 이다지도 심각할

너희 보물이 있는 곳에

까? 어째서 상황이 더 나아지지 않을까? 수세기에 걸쳐 강의와 설교, 교향곡과 법률, 변혁과 철도가 이어졌건만, 어찌하여 우리는 모두 학자와 성인이 되지 못했을까? 토머스 하디가 쓴 비문풍의 단시는 통명스럽고 냉소적이다. "지난 2,000년 동안 그리스도인 무리가 존재했는데도/ 우리는 독가스까지 얻었다."[2]

이와 관련하여 할 일이 있을까? 다수의 사람이 그렇다고 생각한다. 인류가 편협과 냉담 사이를 오가거나, 자신의 모든 불행을 미운 적의 탓으로 돌리는 자들과 되는 일이 전혀 없는 질병에 걸린 자들 사이를 오가는 것처럼 보일 때가 있는 것도 사실이다. 그러나 상황을 호전시키기 위해, 즉 환경을 걱정하고, 상처 입은 이들에게 자비를 베풀고, 가난한 이들에게 관심을 기울이고, 정부에서 부지런히 일하기 위해 어마어마한 양의 에너지가 분출되고 있는 것도 사실이다. 저기 밖에서 거대한 무리의 사람이 가르치고, 치료하고, 법률을 제정하고, 안내하고, 위로하고, 회복시키는 일에 종사하고 있다. 분명한 형태의 악과 희미한 형태의 악에 맞서 싸우고 있는 것이다.

그러나 세상이 잘못 돌아가는 것을 보고 무언가를 하겠다고 작정한 다수의 사람이 늘 희망을 북돋우는 것은 아니다. 우리 주위의 무질서를 보고 무언가를 하려고 하는 사람들의 삶을 자세히 관찰하고, 그들이 기울인 노력의 결과를 감정에 치우치지 않고 살펴보면 사정이 늘 고무적인 것만은 아니다. 예컨대 종종 선행을 베푸는 이들이 어째서 이다지도 악행을 저지를까? 선행을 베풀면서 자기 속에 있는 최악을 드러내는 자도 더러 있다. 어째서 그들은 그토록 성미가 까다롭고 거칠고 독선적일까? 다수의 강경한 도덕 운동은 어째서 그리도 수명이 짧은가? 선의에서 나온 의로운 열정은 어째서 차츰차츰 식어 감상주의로 흐를까? 전투에 돌입한다고 해서 언제나 의도한 결과를 내는 것은 아니다. 때로는 우리의 노력이 상황을 악화시키고, 때로는 우리의 노력이 우리를 악화시키기도 한다.

## 하나님께 집중하는 기도

그리스도인은 날마다 이런 무질서 가운데 깨어나 무언가를 하려고 일어난다. 우리는 어떤 일을 하는가? 사람들이 이따금 하는 것처럼 동료들에게 설문 조사를 해보면, 갈피를 잡을 수 없을 만큼 다양한 대답을 얻을 것이다. 그러나 "기도한다"라는 대답은 좀처럼 얻지 못할 것이다. 내 말은 그리스도인이 기도하지 않는다는 뜻이 아니라, 그리스도인 대다수가 우리가 처한 무질서 상태를 개선할 수 있는 가장 중요한 활동으로 기도를 꼽지 않는다는 뜻이다. 오히려 그들은 기도를 '집에서 하는' 사적인 활동으로 여긴다. 공공의 영역에서 기도하는 일이 생기더라도 의례적인 것이 되고 만다.

기도에 대한 이러한 이해와 실천이 우리 사이에 보급되고 받아들여지는 까닭에 그리스도인이 다른 시대와 다른 장소에서 기도에 대해 전혀 다른 입장을 취했다는 사실을 알면 충격을 받지 않을 수 없을 것이다. 알다시피 1세기 기독교 공동체에서 차이가 확연히 드러난

너희 보물이 있는 곳에

다. 유감스럽게도 그 시대는 우리 시대와 달리 설문 조사와 통계 분석이 불충분했던 까닭에 우리가 습관적으로 제공하는 통계와 같은 증거가 부족하다. 하지만 우리에게는 신약성경이 있고, 따라서 우리는 신약성경에서 가장 인기 있는 시편이 110편임을 알 수 있다. 이 시편은 일곱 번 인용되고 열다섯 번이나 언급된다.[3] 어느 시편도 이 시편만큼 친근하지 않았다. 1세기 그리스도인 공동체는 시편 110편을 숙고하고 토론하고 암기하고 명상했다. 기도서인 시편을 펼쳤을 때, 그들의 마음을 끌고 그들의 공동생활을 형성한 기도문은 시편 110편이었다. 지금 이 시대를 사는 우리는 시편 110편에 대해 얼마나 들어 보았을까?

내가 지난 몇 해 동안 비공식적으로 수행한 설문 조사에 따르면 미국인이 좋아하는 시편은 23편이다. 이 시편은 신약성경에서 한 번도 인용된 적이 없다. 나는 우리의 선호도와 초기 그리스도인의 선호도를 비교함으로써 비위에 거슬리는 짓을 할 생각이 없다. 시편 23편은 인기를 끌 만하다. 시편 23편은 하나님의 참 말씀을 생각나게 했고, 지금도 그러하고, 시편 23편으로 기도하는 사람들에게 하나님과의 깊고 참된 관계를 밝혀준다. 그렇다고 시편 110편을 무시해도 되는 것은 아니다. 시편 110편은 능숙하고 힘차게 기록된 가장 중요한 시편이고 자아에 집중하지 않는 기도, 즉 우리를 자기중심성으로부터 구출하여 하나님의 존재와 활동에 다시 집중하게 하는 기도로 이끈다. 세상이 잘못 돌아가는 것을 보고 무언가를 하려고 하는 사람들이 이 시편으로 기도하면, 그 성과가 엄청날 것이다.

## 정확한 균형 잡기

시편 110편에서 가장 중요한 두 문장은 다음과 같이 하나님이 직접 내리시는 신탁이다. "주님께서 내 주님께 말씀하시기를 '내가 너의 원수들을 너의 발판이 되게 하기까지, 너는 내 오른쪽에 앉아 있어라' 하셨습니다"(1절). "주님께서 맹세하시기를 '너는 멜기세덱을 따른 영원한 제사장이다' 하셨으니, 그 뜻을 바꾸지 않으실 것입니다"(4절). 이 두 문장이 시편 110편을 지배하고 정확하게 균형 잡힌 부분으로 양분한다. 데이비드 노엘 프리드먼이 인상적으로 관찰했듯이, (히브리어 성경에서) 이 두 연은 각각 정확히 74개의 음절로 이루어져 있다. 정확한 균형 잡기가 아닐 수 없다![4]

"주님께서… 말씀하시기를" "주님께서 맹세하시기를"이라는 이 뼈대는 1세기에 두드러진 뼈대였다. 우리가 신약성경을 통해 조금이라도 알게 된 이들은 무엇보다 하나님께서 자기에게 하신 말씀을 경청하는 일에 관심이 있었다. 복음이 무엇인지 깨닫고자 하는 그들의 갈망은 만족을 몰랐고, 하나님의 말씀에 대한 그들의 관심은 끝이 없었다. 시인이자 비평가 에즈라 파운드가 〈섹스투스 프로페르티우스에 대한 경의〉에서 읊은 대로였다. "내게 말해주시오, 내게 말해주시오, 모두 다. 나 두 귀를 활짝 열고 게걸스레 들으리다."[5]

그런데 "주님께서… 말씀하시기를" "주님께서 맹세하시기를"이라는 뼈대가 지금 이 시대에는 무시당하고 있지 않은가? 우리 사회에서 가장 광범위한 청중에게 호령하는 종교적 목소리는 자아를 두둔

하는 목소리다. 여기서 말하는 자아는 물론 종교적 자아이지만, 이것 역시 자아이기는 매한가지다. 인류의 뿌리 깊은 의식, 곧 '내가 제일'이라는 일그러진 의식이 우리의 경제학에 수용되고 심리학의 인가를 받았으며, 게다가 우리는 우리 인간의 잠재력을 증대시켜주고 우리 자신에 대해 안심하게 해주는 동일한 유형의 종교들까지 스스로 마련한 상태다. 우리는 이따금씩 우리의 권태를 덜어주는 기적과 함께 더 높은 생활수준으로 날마다 우리에게 이익을 가져다주는 기도문을 원한다. 우리는 소비자 신분으로 성경에 다가가 본문을 샅샅이 뒤지며 헐값의 무언가를 찾는다. 우리는 성스러움이 일몰과 교향악을 근사하게 보충해줄지도 모른다고 생각하여 감동적인 것을 전문적으로 평가하는 사람처럼 예배에 참석한다. "주님은 나의 목자시니, 내게 부족함 없어라"(시 23:1)라는 구절을 읽을 때면 우리의 심장이 두근거리고, "너는 밤에 찾아드는 공포를 두려워하지 않고"(91:5)라는 말씀을 읽고는 마음이 진정되고, "우리 죄를, 지은 그대로 갚지 않으시고"(103:10)라는 말씀을 읽고는 자신을 너무 나무랐는지도 모른다고 판단한다. 하지만 "주님께서… 말씀하시기를" "주님께서 맹세하시기를"이라는 말씀을 읽을 때면, 그만 흥미를 잃고 신문으로 손을 뻗어 주식 시세가 어떤지 살핀다.

이 점에서는 1세기 사람들이나 우리나 별 차이가 없을 것이다. 그들도 우리와 다를 바 없었다. 그러나 놀라운 사실은 일단의 사람들이 당시에 유행하던 종교적 감상과 편의주의에서 벗어나 하나님께서 당신의 뜻대로 하신 말씀을 경청하는 일에 맛을 들였고 그 바람에 하나님이 하신 말씀, 즉 "주님께서… 말씀하시기를" "주님께서 맹세하시기를"이라는 말씀에 자신의 삶을 집중시키는 기도문이 그들이 가장 좋아하는 기도문이 되었다는 것이다. 그들은 시편 110편으로 기도하면서 하나님의 말씀에 주의를 집중하고 자신의 삶을 하나님의 일에 연루시켰다.


## 중간 조정

시편 110편은 하나님이 중심이심을 반복해서 강조한다. "주님께서… 말씀하시기를" "주님께서 맹세하시기를." 반복은 일단 우리의 주의를 끈 다음, 그것을 계속 붙잡는 기능을 한다. 영성 생활은 바르게 시작하여 잘못 끝나는 경우가 비일비재하다. 우리는 하나님의 말씀("주님께서… 말씀하시기를")에 이끌려 신앙의 길에 들어섰다가 이내 헤맨다. 계속 집중하려면 중간 조정("주님께서 맹세하시기를")이 필요하다.

자아는 집요하다. 은밀히, 교묘히, 영악하게 가운데 자리를 되찾는다. 우리에게는 끌어올려야 할 직업상의 경력이 있고, 유지해야 할 공공단체의 책임이 있으며, 부양해야 할 가족과 깎아야 할 잔디가 있다. 또한 우리에게는 우리의 정체성이라는 거대한 덩어리를 만들기 위해 품었던 대의도 있다. 한때 우리는 주께서 하시는 말씀을 우리의 중심으로 삼았지만, 긴급한 관심사 때문에 마음이 산만해지거나 소설 주제에 마음을 빼앗기기도 했다. 물론 우리는 여전히 종교적이다.

하지만 종교는 서서히 자아라는 중앙무대의 배경, 위로를 주고 마음을 침착하게 해주는 배경이 되고 말았다. 우리는 창조의 집에 있으면서도 부지중에 비공식 사무원이 되어 장부 정리에 종사하기만 할 뿐 하나님께서 말씀하시면 도처에서 은혜와 자비의 유쾌하고 풍부한 교환이 일어난다는 사실을 염두에 두지 않는다. 우리는 하나님의 구원하시는 사랑 이야기를 자신의 삶 속에서 전하는 법을 배우는 사람들에게 중뿔난 원고 편집자가 된다. 쉼표를 삭제하거나 세미콜론의 자리를 옮기거나 그들이 조마조마하면서도 어색한 구문으로 전하는 엉성한 이야기에 까탈을 부린다. 그때야말로 우리가 시편 110편의 방법을 따라 "주께서 맹세하셨다!"라는 말씀에 다시 집중할 때다.

일부러 그런 것은 아니지만 자아에 골몰하다가 하나님을 찬미하지 못하게 된다면, 이는 이해할 수 있는 일이긴 해도 피할 수 없는 일은 아니다. 중심이신 하나님의 말씀을 마주하여 느끼는 경이감이 일상생활의 체를 통해 빠져나가는 것은 흔한 일이지만, 그렇다고 피하기 어려운 일은 아니다. 나의 두 친구 래리와 루스 부부는 몬태나에서 농사를 짓고 있다. 그들의 농장은 산골짜기에 있다. 골짜기를 가로질러 몇 킬로미터를 가면 로키 산맥의 한 줄기가 높아지기 시작하고, 몇 킬로미터 못 가서 2,100미터 이상으로 높아진다. 그 산줄기는 들쭉날쭉 지평선과 맞닿은 웅장한 산등성이로서 태양이 하늘을 가로지를 때 푸른 빛깔과 초록 빛깔로 물들곤 한다. 언젠가 나는 그들을 찾아간 김에 들판에 서서 이렇게 말했다. "자네들이 작업하기에 더없이 훌륭한 환경일세! 하지만 자네들은 이 환경에 익숙해져서 더는 바라보지도 않을 거야." 그러자 그들은 이렇게 대답했다. "오오, 그렇지 않네. 우리는 하루에도 몇 번씩 숨이 멎을 만큼 매료된다네. 아름다움이 계속 펼쳐지거든. 날마다 새롭게 바뀌는 아름다움에 폭 빠진다네." 친숙함이 늘 경멸을 낳는 것은 아니다. 그러나 다음의 사실을 일러주는 사람들이 필요하다. "주님께서… 말씀하시기를" "주님께서 맹세하시기를."

시편 110편이 초기 기독교 공동체 안에서 명성을 얻을 수 있었던 것은 사람들이 말씀하시는 하나님 안에 있으면서도 자아에 중심을 두었기 때문이다. 초기 기독교 공동체 사람들은 자신들이 혼란스러운 세상 속에 있고, 그런 세상을 놓고 자기가 무언가를 해야 한다는 것을 알았다. 그들은 자신의 선행과 선한 의도가 흠이 있어서 상황을 악화시킬 뿐이라는 사실도 알았다. 그렇다고 해서 자기가 일할 자격마저 박탈당한 것은 아니라는 것도 알았다. 그들은 하나님께서 자신의 뜻을 "하늘에서 이루심 같이, 땅에서도" 이루시려고 그리스도 안에서 수행하고 계신 일에 마음이 끌렸다.

어떻게 그럴 수 있었을까? 그들은 시편 110편으로 기도했다. 이 시편은 그들이 누구인지를 알려주고 이 세상은 하나님이 말씀하시면 사건이 일어나는 곳이라고 선언함으로써 그들이 이 세상에서 어떤 위치에 있는지를 알려주었다. 그들은 이미 창세기 1장을 통해 자신들이 무엇을 기대해야 하는지를 배운 상태였다. 하나님의 말씀은 창조적이다. "하나님이… 말씀하시니, 그대로 되었다." 창세기 1장에서는 하나님의 말씀이 세상을 창조하고, 시편 110편에서는 하나님의 말씀

너희 보물이 있는 곳에

이 메시아, 곧 그리스도를 창조한다.

1세기에는 메시아 신앙이 성행했다. 구원자들, 기적을 판매하는 자들, 세상 구원의 청사진을 품은 잡다한 메시아들이 득시글거리는 세기였다. 모든 이가 이런저런 방식으로 메시아 신앙에 관여했다. 또한 1세기는 흥분으로 떠들썩한 세기였다. 하지만 혼란으로 당혹스러운 세기이기도 했다. 이 혼란 상태에서 정신을 차린 사람이 있었을까? 주장과 반대 주장을 정리할 자격을 갖춘 사람이 있었을까? 히브리인의 경험에서 비롯된 성경적 계시의 위대한 초석들이 깨진 기와 조각처럼 뿔뿔이 흩어졌고, 그리스와 로마, 페르시아와 이집트에서 온 보석들이 그 속에 섞여 있었다. 그러한 대혼란 속에서 어떻게 이치에 닿는 진리를 분간하겠는가? 종교가 "혼돈하고 공허하며, 어둠이 깊음 위에 있었다."

이 세계가 바로 나사렛 예수가 태어난 세계였다. 가난하고 무력하고 미천한 그는 가장 미심쩍은 메시아였다. 그때 하나님이 말씀하셨다.

주님께서 내 주님께 말씀하시기를
"내가 너의 원수들을 너의 발판이 되게 하기까지,
너는 내 오른쪽에 앉아 있어라" 하셨습니다.

한 왕이 태어났다. 질서, 아름다움, 정의, 평화를 가져오는 이였다. 하나님이 다시 말씀하셨다.

주님께서 맹세하시기를
"너는 멜기세덱을 따른 영원한 제사장이다"하셨으니,
그 뜻을 바꾸지 않으실 것입니다.

한 제사장이 정해졌다. 사람들을 하나님과의 온전한 관계 속으로
밀어 넣는 이였다 하나님께서 피조물이 "생겨라"말씀하셨듯이, 왕
이자 제사장인 메시아가 "생겨라"말씀하셨다. 나사렛 예수의 탄생과
사역과 고난과 죽음과 부활은 뿔뿔이 흩어졌던 진리와 계시의 모든
요소를 모아서 인식 가능하고 유기적이며 인격적인 사건, 즉 근사한
구속 행위로 구체화되었다.

이 시편은 두 신탁(1, 4절)을 닻으로 삼아 논쟁보다는 은유를 정교
하게 만들어 희망찬 군대로 하여금 자발적으로 지휘를 받게 하는 메
시아를 보여준다.

임금님께서 거룩한 산에서
군대를 이끌고
전쟁터로 나가시는 날에,
임금님의 백성이 즐거이 헌신하고,
아침 동이 틀 때에 새벽이슬이 맺히듯이,
젊은이들이 임금님께로 모여들 것입니다.

두 번째 은유군#은 모든 반대 세력에 맞서 자신의 통치권을 확립

하시는 하나님을 보여준다.

주님께서 임금님의 오른쪽에 계시니,

그분께서 노하시는 심판의 날에,

그분께서 왕들을 다 쳐서 흩으실 것입니다.

그분께서 뭇 나라를 심판하실 때에,

그 통치자들을 치셔서,

그 주검을 이 땅 이곳저곳에 가득하게 하실 것입니다.

마지막 문장은 언제까지나 기억에 남을 문장이다.

임금님께서는 길가에 있는 시냇물을 마시고,

머리를 높이 드실 것입니다.

초기 그리스도인들은 자신들의 주 예수를 다음과 같은 모습으로 보았다. 우리들 사이에서 우리와 같은 수준을 유지하고, 인간적으로 목이 말라 시냇가에 무릎을 꿇고, 물을 마신 다음 머리를 들어 자기 길을 계속 가면서, 다스리고 구원하는 왕이자 제사장. 이 모습 속에는 위대한 면과 수수한 면이 통합되어 있고, 개인적인 면과 정치적인 면이 결합되어 있다.[6]

이 메시아 상像은 교만한 속인들에게 호감을 주지 못했다. 그들이 원하는 메시아는 권력 놀음을 펼쳐 세상을 놀라게 하는 존재였다.

때문에 그들은 이 메시아 상을 경멸하고 내칠 수밖에 없었다. 이 메시아 상은 경건한 겁쟁이보다 나을 것이 없었다. 그들이 보기에 목이 말라 무릎을 꿇는 메시아는 지나치게 취약하고 평범한 존재였다. 그들이 원하는 메시아는 그들을 취약하고 굴욕적인 일상생활에서 벗어나게 해주는 존재였기 때문이다. 그러나 기도하는 법을 배우며 예수의 방법을 따라 하나님의 활동에 참여하는 사람들에게는 이 메시아 상이 제대로 된 상이었다.

메시아는 조각난 기능, 곧 통치 기능과 구원 기능, 왕의 역할과 제사장의 역할을 한 몸에 아우르는 존재였다. 고대에는 (멜기세덱이라는 인물 속에서) 왕의 직무와 제사장의 직무가 단일하고 유기적인 직무였다. 하지만 이제는 왕의 직무와 제사장의 직무가 분리되어, 서로 보완하기보다는, 완전체를 구성하는 동등한 직무가 되기보다는 빈번히 충돌하고 경쟁했다. 왕은 삶을 다스리고 구체화하고 안내하는 하나님의 능력을 상징했고, 제사장은 삶을 새롭게 하고 용서하고 북돋우는 하나님의 능력을 상징했다. 한 사람은 왕궁과 연계하여 정치라는 외부 세계에서 일했고, 또 한 사람은 성전과 연계하여 영이라는 내부 세계에서 일했다. 왕은 수평적이고 인간적인 관계를 전문으로 다루었고, 제사장은 수직적이고 영적인 관계를 전문으로 다루었다. 한 사람은 삶을 조직할 책임이 있었고, 또 한 사람은 조직에 생명을 불어넣을 책임이 있었다. 그들은 분명히 서로를 위하라고 제정되었는데도 그렇게 행동하지 않았다. 그때 몇몇 팔레스타인 사람이 예수의 생애 속에서 이 모든 것이 결집하는 것을 목격했다. 시편 110편은 그러

너희 보물이 있는 곳에

한 결집이 메시아 창조에서 이루어진다고 기술한다.

통치와 구원은 하나님의 일이었고 이 두 행위는 같은 것이었다. 우주와 역사의 모든 부분이 딱 들어맞고 이치에 닿았다. 마음의 모든 갈망과 욕구가 완전히 채워졌다. 외적인 삶과 내적인 삶이 통합되어 단일한 삶으로 드러났다. 그 삶은 주님이요 구세주이신 예수 그리스도 안에서 이루어진 하나님의 삶이었다.


## 통합

다른 일, 이렇게 말해도 된다면 훨씬 놀라운 일도 일어났다. 초기 그리스도인들은 만물이 메시아 안에 모여 메시아를 중심으로 삼는 것을 발견함과 동시에 자신들도 메시아를 중심으로 삼는 존재라는 것을, 바꾸어 말하면 자기중심에서 벗어난 존재라는 것을 깨달았다. 자아는 그동안 다수의 신(神)을 기쁘게 하고 무수한 귀신을 피하려고 하다가 괴로움을 겪었지만, 이제 더는 그 불쾌한 일을 하지 않아도 되었다. 해결책을 찾아내기 위해, 그리고 자신을 거룩한 안전 속에 있게 해줄 지식을 습득하기 위해 자아가 필사적으로 경주하던 탐색도 종료되었다. 사람들이 자신들의 자아를 천국에 적합하게 맞춰줄 것이라고 기대했지만, 품고 살면 살수록 자신들을 괴롭히기만 했던 극단적인 도덕도 종말을 고했다. 영지주의의 체계와 도덕적인 땀과 이교의 미신도 폐기되었다. "내가 너의 원수들을 너의 발판이 되게 하기까지, 너는 내 오른쪽에 앉아 있어라." 통치가 완결되었다. "너는 멜기세덱을 따른 영원한 제사장이다." 구속이 완결되었다. 세상은 통합되어 사리에 맞게 되었다. 초기 그리스도인들도 통합되어 사리에 맞게 되었다. 시편 110편은 메시아를 창조하는 하나님의 말씀의 다면적 진리를 기도로 변환시켰고, 이 기도는 신앙생활로 하여금 하나님께서 각 개인과 온 세상 안에서 수행하고 계신 일에 주의를 기울이고 응답하게 했다. 시편 110편이 초기 그리스도인들의 애독 시편이 된 것은 당연한 일이다.

## 무례한 의제

이스라엘 출신으로서 미국에 이민온 사회학자 아미타이 에치오니는 미국 문명이 가파르게 쇠퇴하는 것을 보고 무언가를 해보려고 노력하는 가운데 이른바 '무례한 의제'를 절박한 심정으로 발표했다. 그는 자기 학과의 냉철한 객관성을 버리고 미국 사람들에게 우리의 공공선인 사회와 국가에 헌신하라고 뜨겁게 호소한다. 그는 그러한 헌신이 새로운 사회 계획이나 입법 계획으로 이루어지는 것이 아니라 이기심을 끊는 데 집중하는 것으로 이루어져야 한다고 확신한다. 그는 이렇게 말한다. "나의 논점은 자유로운 사회와 활발한 경제를 떠받치는 미국인 수백만 명이 서로에게서 단절되었고 그 바람에 효율성까지 잃고 말았다는 것이다. ⋯ 경제와 국가 안보와 공동체를 재건하려면, 자아에 훨씬 덜 집중하는 사회 철학과 개인의 태도가 필요하다."[7] 그는 미국을 철저하게 개조하려면 지도력이 필요하고, 그 지도력은 자아에 집중하는 '자기중심성'과 지난 수십 년간 인기를 누려온 여타의 심리학이 더는 미국의 여정에 영향을 미치지 못한다는 것을 입증해야 한다고 주장한다.

정말 무례한 의제다. 하지만 세상 뒤엎기로 명성을 얻으신 그리스도께서 추종자들에게 말씀하신 의제만큼 무례하지는 않다. 그들은 오직 기도만이 자기를 자기중심성에서 벗어나게 할 정도로 개인적이고, 오직 기도만이 타락한 세상의 모든 측면을 메시아의 개인적·정치적 활동에 포함시킬 정도로 포괄적이라는 사실을 일찍 깨달았다. 그들이 시편 110편으로 기도한 횟수가 그들의 깨달음을 보여주는 증거다.

우리의 세속적 예언자나 윤리학자와 달리 그들은 분석하고 촉구하는 것 이상의 일을 했다. 그들은 실행 가능한 전략을 세우고 기도하는 가운데 전략을 실행에 옮겼다. 그 이후 그리스도인들이 (때로는 소수가, 때로는 다수가) 시편 110편 내지 그와 비슷한 기도문으로 기도하지 않은 때는 단 하루도 없었다. 지금도 신참들이 그 대열에 마음이 끌려 계속 합류하고 있다.

하나님은 소수의 영혼을 파멸에서 구출하는 것으로 만족하지 않으신다. 구속은 우리의 이해력을 훨씬 넘어서는 규모로 구상되었다. 새 하늘과 새 땅이 거기에 관련되어 있다. 기도하는 이들은 자신들이 우주를 통치하는 왕과 관련되어 있을 뿐만 아니라, 사람들을 하나님 앞에 바르게 세우는 제사장과도 관련되어 있음을 알고 있다. 기도 속에서 우리는 하나님의 중심에서 시작하여 개인적 행동과 정치적 행동 사이를 왕복하시는 하나님의 주변으로 나아간다.

# 4

주권자요 통치자이신 하나님

—

주님이 다스리신다.
위엄을 갖추시고
능력의 허리띠를 띠시며
다스리신다.
그러므로 세계도 굳건히 서서,
흔들리지 아니한다.
주님, 주님의 왕위는 예로부터 견고히 서 있었으며,
주님은 영원 전부터 계십니다.

주님, 강물이 소리를 지릅니다.
강물이 그 소리를 더욱 높이 지릅니다.
강물이 미친 듯이 날뛰며 소리를 높이 지릅니다.
큰 물 소리보다 더 크시고
미친 듯이 날뛰는 물결보다 더 엄위하신 주님,
높이 계신 주님은 더욱 엄위하십니다.

주님의 증거는 견고하게 서 있으며,
주님의 집은 영원히 거룩함으로 단장하고 있습니다.

> 파도를 헤치고 신세계의 해안에 도착한 주권은 새로운 주
> 권이었다. 그들은 인간의 절대적 주권의 시대, 즉 인간의
> 절대적 뻔뻔스러움의 시대를 열었다. 한없이 탐욕스러운
> 주권자가 이 우주 안에서 활동하고 자신의 소유권을 주장
> 하고 있다.[1]
>
> **웬델 베리**

추측컨대, 그리스 어린이들은 그리스가 최고라고 확신하고 자랄 것
이다. 중국 어린이들도 자기 나라에 이와 유사한 확신을 품고 성장할
것이다. 탄자니아 어린이들도 마찬가지일 것이다. 어쨌든 나도 미국
이 최고의 나라, 자유인의 땅, 용감한 이의 고향이라고 굳게 믿으면서
자랐다. 또한 막연하게 공식화되었음에도 확고히 굳어진 믿음, 즉 '미
국은 기독교 집합소다'라는 믿음도 습득했다. 빼어나게 아름다운 산
맥과 평원, 거대한 삼림과 멋진 강은 하나님이 하사하신 선물이었다.
유년시절의 동화책과 교과서에 나오는 이야기들은 나에게 미국이 기
독교 역사를 지닌 나라라는 느낌을 주었다. 영국의 조지 3세는 파라
오의 이미지와 딱 들어맞았고, 나의 선조들은 혹독한 박해를 피해 살
아남은 이들이었으며, 그들의 대서양 항해는 일종의 홍해 사건이었

다. 가나안 사람들처럼 적대적인 이교도 부족들도 있었는데, 이 부족들은 미국 순례자들을 히브리 자손들과 비슷해 보이게 했다. 미국은 약속의 땅이었고 미국인은 하나님의 선민이었다.

이 선민이 이 약속의 땅에서 발전시킨 정치체제는 민주 자치였다. 전에도 이따금 민주제 모험이 시도되었지만, 이번처럼 완벽히거나 성공적이었던 적은 없었다. 선민의 위엄을 경험한 국민이 약속의 땅의 모든 특성을 보여주는 땅에서 형성된 민주제를 하나님의 은총으로 여긴 것은 지극히 당연하다. 내가 배운 역사 해석에 따르면, 수세기 동안 교황 통치의 폭압을 겪으며 살고 1,000년 동안 이슬람 광신의 위협을 받은 까닭에 미국의 민주제는 너무 훌륭해서 진짜 같지 않았다. 하지만 그것은 진짜였다.

다들 미국의 민주제는 대성공이라고 말한다. 미국의 정치제도를 겨냥한 비난이 있고 이 가운데 일부가 대단히 귀에 거슬리기도 한다. 그렇지만, 그것들은 대체로 자치라는 개념에 이의를 제기하기보다는 실행 과정에서 드러난 결점이나 정치 기관에 도사린 위선에 대해서만 이의를 제기한다. 우리가 인정할 수밖에 없는 사실은 우리의 주장 가운데 일부에도 어처구니없는 결점이 존재한다는 것이다. 약속 실현을 아직 경험하지 못한 사람도 많다. 하지만 미국을 비난하는 이들이 쿠바나 중국으로 줄지어 이주하고 있는 것 같지는 않다. 우리는 수세기에 걸쳐 부족의 장, 군부 독재자, 왕과 여왕, 박식한 고문으로 이루어진 위원회, 열성 혁명가 도당의 지배를 겪고 나서야 민주제에 도달했다. 자치는 정치학의 절정이다.

너희 보물이 있는 곳에

미국의 그리스도인들은 하나님의 약속과 은총을 충분히 의식하는 가운데 형성된 역사적 기억을 지닌 까닭에 하나님의 통치가 자치와 유사할 것이라고 가정한다. 하지만 기도 안에는 이 가정이 설 자리가 없다. 기도 속에서 깨닫게 되는 사실은 우리가 미국인으로서 경험한 현실과는 너무나 다른 현실 속에 있다는 것이다. 말하자면 주권자는 사람이 아니라 하나님이다. 우리가 기도하면서 발을 들여놓는 세계는 우리의 바람을 적절히 대변하여 법률, 다시 말해 최소의 간섭을 통해 최대의 자유를 뒷받침하는 법률로 구현되는 세계가 아니다. 성경의 계시는 우리의 기도를 받으시는 하나님이 절대적 주권자라고 말한다. 그러면서 하나님의 의향은 자신의 주권을 전면적으로 행사하는 것이라고 말한다. 이를테면 만물과 모든 이가 하나님께 복종해야 하고 현실을 영적 현실과 물리적 현실로 나누거나 영적 현실의 통치를 하나님께 맡기고 물리적 실재는 정치인에게 맡기는 일이 있어서는 안 된다는 것이다. 하나님의 통치는 총괄적이고 절대적이기 때문이다.

우리는 기도를 통해 다음과 같이 상반되는 두 개의 강력한 흐름과 맞닥뜨린다. 자치를 가정하는 빠르고 요란하고 번쩍이는 흐름과 하나님의 주권을 믿는 더디고 고요하게 부상 중인 조류. 우리는 다들 모든 문제의 의결권을 갖겠다고 주장하는 분위기 속에서 왕이신 하나님께 복종의 기도를 바친다. 우리 미국인의 자치 자랑은 부지중에 하나님의 주권에 대한 우리 그리스도인의 복종을 얼마나 뒤엎었는가? 내 생각에는 우리가 일반적으로 의식하는 것보다 훨씬 심하게 뒤엎는 것 같다. 그러나 다른 방향에서도 전복이 일어난다. 우리가 자치를 열렬히 고집하던 상태에서 하나님의 통치에 감사하고 복종하는 상태로 바뀌는 것이다. 폭포가 되어 떨어지는 산류山流를 흡수하는 것은 결국 부상 중인 해류다. 물론 이것은 개인적 영향력과 정치적 영향력을 갖고 있다.

## 주님이 다스리신다

이 통치를 선포하고 찬양하는 시편은 일곱 편이다.[2] 이 시편들은 이스라엘에서 거행된 신년 축제 예배, 즉 하나님이 왕으로 즉위하여 백성과 나라들과 땅과 한 해를 다스리신다고 선언하는 예배에서 비롯되었을 것이다.[3] 이 시편들은 하나님의 통치를 꼼꼼하고 풍부하게 숙고하고 기도한다. 기도하는 이는 하나님의 통치가 광범위한 방법을 통해서 우리의 하찮은 지배 영역(이 영역에서 우리는 우리 자신의 삶을 요란스레 경영하려 하거나 나태하게 우리의 삶을 다른 이들에게 맡기기도 한다)에 간섭하고 결국에는 그 영역을 바꾼다는 사실을 깨닫는다. 이 일곱 편 가운데 93편이 탁월하다. 꾸밈없이 단순하면서도 위엄이 있고 수수하고 간결하고 힘찬 운율로 유명한 93편은 사람의 마음을 끌고 확신을 준다. 히브리 시가의 특징 중 하나는 소리보다는 의미에 운韻을 맞추고 잇따르는 행에서 유사한 의미나 반대되는 의미를 나란히 배치하는 것이다. 93편의 첫째 연이 네 쌍의 유사한 의미 운으로 행갈

너희 보물이 있는 곳에

이를 하면서 이 점을 시각적으로 보여준다.

주님이 다스리신다.
위엄을 갖추시고
능력의 허리띠를 띠시며
다스리신다.
그러므로 세계도 굳건히 서서,
흔들리지 아니한다.
주님, 주님의 왕위는 예로부터 견고히 서 있었으며,
주님은 영원 전부터 계십니다.

네 쌍의 행이 정사각형의 견고함을 형성한다. 하나님의 통치권의
구조는 성채의 구조다. 이 점은 신학적 사실이자 역사적 사실이고, 영
적 사실이자 정치적 사실이며, 천상의 사실이자 지상의 사실이다. 신
앙인은 이 통치권을 인정하고 기뻐하고 이 통치권으로부터 유익을
얻는다. 그들은 이 통치권을 기리는 대축제일을 지키고, 이 통치권을
행사하는 주요 지도자들을 기리고 기억한다. 그들은 이 통치권의 법
률에 호응하고 이 통치권의 목적을 장려하고자 애쓴다.

그러나 이와 동시에 우리는 다른 정부의 지배도 받는다. 시편
93편에서 바라고 구하는 하나님의 즉위는 히브리 사람들이 수세기에
걸쳐 자신들의 여러 왕을 정식으로 즉위시키면서 바라고 구한 내용
이다. 약 500년 동안 그들의 나라는 군주국이었다. 그들은 500년 동

안 마흔두 명의 왕을 즉위시켰다.[4] 훌륭한 왕도 더러 있었지만, 무시무시한 왕도 더러 있었다. 다수의 왕은 우리의 예상보다 낫지도 못하지도 않았다. 그러나 모든 왕은 하나님의 통치에 복종하는 자로서 즉위했다. 그들은 스스로를 할 일이 있는 한 사람에 불과하다고 생각했고 백성도 그리 생각했다.

백성이 예배라는 장치 속에서 그들의 왕을 즉위시킬 때 의식과 노래와 기도가 그들의 상상력을 구현하여 하나님, 곧 유일한 주권자 하나님께 감응하게 했다. 왕들과 백성이 이 주권자 하나님을 늘 기억한 것은 아니지만, 올바른 토대는 그런대로 다져져 있었다. 그들은 예배 행위를 통해 우리가 살고 있는 현실의 정치 공동체와 사회 공동체 안에서 하나님의 통치가 이루어지고 있다는 공동의 확신을 끊임없이 회복했다. 기도는 그들에게 어떻게든 왕을 모시는 것이 하나님을 모시는 것보다 나을 거라는 생각을 하지 않게 해주었다. 그러한 기도는 자치의 시대에 접어들어서도 변함없이 지속되었다. 유대인과 그리스도인은 대대로 그러한 기도를 바침으로써 하나님의 통치(정치)에 관여하는 복잡한 뿌리 조직을 발전시켰고, 그 바람에 어떤 정부도 신앙 공동체에 의한 도전이나 전복에서 무사할 수 없었다.

신앙인이 당대의 정치적 상황을 뒤로하고 '하나님만 모시고' 그저 유쾌하게 사는 것은 가능한 일도 아니고 바람직한 일도 아니다. 이따금 그러한 공동체를 만들려는 사람들이 있지만, 정치적으로나 영적으로나 하나같이 성공하지 못했다. 피할 수 없는 사실은 우리가 하나님을 모시며 살아감과 동시에 법과 질서를 감독하고, 인구 조사를 실시하고, 법을 실행하는 왕, 독재자, 총리, 황제, 대통령, 장군과 참모회의, 법정, 의회, 군대, 관료의 지배를 받으며 살고 있다는 것이다.

어떤 통치자는 자신이 하나님의 마음과 곧바로 통하는 까닭에 자신의 통치에 하나님의 마음이 고스란히 담겨 있다고 주장한다. 또 어떤 통치자는 하나님의 통치를 대체로 인정하면서도 이 나라에서 일어나는 일은 무엇이나 자신이 지배하고 있다고 생각한다. 어떤 이는 뻔뻔스럽게도 하나님의 통치권을 완전히 부정하고, 사실상 모든 일의 최종 결정권을 자신이 거머쥔다. 통치자이신 하나님에 대해 무관심한 경우는 비일비재하다. 말하자면 하나님은 구세주나 위로자로서 믿음의 대상일지는 모르지만, 전쟁을 수행하고 세금을 징수하고 교역을 조정하고 협정을 체결하는 것과 같은 통치 문제에는 신경을 쓰지 않고, 고작 천사들의 성가대나 지휘하고 생명책에 복식 부기나 하는 분이라는 것이다.

그럼에도 저변에 깔려 있는 확신, 즉 '주님이 다스리신다'라는 확신은 끈질기게 존속한다. 하나님은 바로 이 세상에서 다스리신다. 그분의 옥좌는 우리가 날마다 거니는 이 세상이다. 이 통치는 결코 반항을 허락하지 않는다. 이 통치는 '결코 흔들리지 않을' 것이다. 권력을 이용하여 자기를 확고히 유지하든, 가문을 바람직하게 유지하든, 문화를 온전히 보존하든, 정부를 관리하든 간에 간섭을 전혀 받지 않고 권력을 행사하는 데 골몰하는 지도자는 사람들이 기도할 때 안절부절못하게 마련이다. 정말이다. 수세기에 걸쳐 나온 풍부한 증거가 기도 속에서 어떤 일이 벌어지는지를 보여준다. 말하자면 기도 속에서 더 나은 통치를 식별하고 채택하게 되는 것이다. 더 나은 통치가 국가, 사회, 가족, 자아와 충돌할 때 기도하는 이들은 충성의 방향을 바꾼다. 심지어 어떤 이들은 예수님처럼 실제로, 혹은 바울처럼 은유적으로 십자가에 못 박히기도 한다.

그러나 세상의 지도자들이 부과한 십자가형은 역효과를 낳는다. 하나님의 도발적인 통치를 없애기는커녕 오히려 확고히 굳히는 셈이된다. 기도하는 이들은 가족에게 오해를 받거나, 정부에 의해 투옥되거나, 고용주에게 해고당하거나, 문화의 조롱을 받는 등의 전과가 있다. 그러나 그들은 별로 개의치 않는 것 같다. 신경을 쓰더라도 충성의 방향을 바꿀 정도로 신경 쓰는 것 같지는 않다. 그들은 더 훌륭하고 더 지혜로우며 더 은혜로운 통치자의 다스림을 받으면서 기꺼이 그러한 정부 아래 머문다.


## 불치의 홍수

어떻게 그들은 그러한 확신에 도달하여 충성을 유지할까? 하나님의 통치가 이루어지는 기미가 전혀 보이지 않는 것 같은 역사의 긴 시기가 엄존하고, 모든 것이 갈피를 잡지 못하고 혼란에 빠져 있는 것처럼 보이는 상황을 개인적으로 경험하는 시기도 있다. 하나님의 통치를 단언하고 복종하려면, 빈발하여 혼란케 하는 '불치不治'의 경험도 기도에 담아 바쳐야 한다.

너희 보물이 있는 곳에

주님, 강물이 소리를 지릅니다.

강물이 그 소리를 더욱 높이 지릅니다.

강물이 미친 듯이 날뛰며 소리를 높이 지릅니다.

강물이 지면을 사납게 가로질러도 땅이 흔들리지 않는다면, 이는 참 좋은 일 아닌가? 사나운 강물이 단단하지 못한 모든 것을 무자비하게 씻어 벌거벗은 채로 반짝반짝 빛나게 해도 주님의 옥좌가 굳건하다면, 이는 참 유익한 일 아닌가? 멍들게 하는 파도가 나의 두 발을 덮쳐 난타해도 발밑의 땅이 영원토록 단단하다면, 이 또한 위안이 되는 것 아닌가? 강물이 덮치면 대지는 변함없이 굳건함을 유지하지만, 그 밖의 것은 그러지 못한다. 강물이 덮치면 창공은 가지런하고 믿을 만하게 존속하지만, 하늘과 땅 사이의 모든 것은 별안간 휩쓸려 파국을 맞는다.

홍수는 인간의 역사에서 대서특필되지만, 굳건히 서 있는 대지는 자기를 내세우지 않는다. 그냥 존재할 뿐이다. 묵묵히, 늠름히. 하지만 홍수는 소리를 높여 으르렁거린다. 파괴시키고 붕괴시키는 세력, 상처를 입히고 분열시키는 힘은 연신 두들겨대며 큰소리를 낸다. 우리는 대지가 얼마나 믿을 만하고 단단한지 생각하지 않고도 여러 날 혹은 여러 해 동안 그 위를 걸을 수 있다. 하지만 홍수는 그러한 부주의를 잠시도 허락하지 않는다. 우리는 마른 땅을 하루 종일 걸으면서도 우리의 몸이 말라 있다는 것을 전혀 눈치 채지 못하지만, 홍수에 휩쓸렸을 때에는 우리의 몸이 젖었다는 것을 예민하게 알아챈다. 마름은 우리가 당연하게 여길 정도로 자연스러운 상태이지만, 젖음은 우리가 허둥댈 만큼 이질적인 상태다.

홍수의 엄청난 위력은 두려움을 자아낸다. 물속에서 헤엄치는 어류와 물 위를 나는 조류만이 두려움을 느끼지 않는다. 홍수가 땅을 문질러대면, 큰 나무도 뿌리째 뽑히고, 거대한 바위도 위치가 바뀌고 만다. 홍수는 단단한 대지에 긁힌 자국을 내고, 등고선을 다시 그려, 불모지만 남겨놓는다.

홍수는 폭력의 개시이며, 무정부 상태를 가리키는 주요 은유이기도 하다. 홍수는 과도한 열정을 상징하기도 한다. 열정이 제멋대로 날뛴다는 것은 주지의 사실이다. 욕망과 탐욕의 대혼란은 본질적으로 무질서하다. 인간의 공격성은 역사가 오래되었고, 따라서 간섭하여 단속할 필요가 있다. 우리는 남이 이래라저래라 하는 것도 싫어하지만, 저마다 자기의 뜻에 맞는 대로 행동하는(삿 21:25) 사회를 더 두려워한다. 이 절망 상태는 히브리 역사에서 최소한 한 번 빚어졌고, 세계사에서는 꽤 여러 번 빚어졌다.

그러나 그럴 때면 매번 정부가 복구되었다. 그러지 않았다면, 인류 역사는 존재하지 못했을 것이다. 모든 정부는 홍수에 대한 반응이다. 홍수가 없었다면, 정부도 없었을 것이다. 정부가 필요한 까닭은 무정부 상태 때문이다. 모든 사람과 모든 것이 조화로운 평온 속에 있었다면, 정부는 충수蟲垂처럼 문젯거리가 되고 말았을 것이다.

시장, 전쟁터, 가정, 운동장에서도 홍수와 유사한 사태가 일어난다. 규칙이 정해지고 모든 이가 규칙대로 행동하고 즐거운 시간을 보내고 있는데, 갑자기 한 사람이 광분하면서 평화로운 작업이 때리고 고함치고 약탈하는 아수라장으로 붕괴하는 것이다. 이와 같은 일을 막을 방도는 없는 것일까? 파괴적인 홍수를 없앨 방법은 없는 것일까? 뭍에서는 댐을 건설하고 제방을 축조하고, 사회에서는 정부를 구성하고 경찰을 배치하고 법률을 제정한다. 결과는 다양하다. 노아 시대의 홍수 심판은 대지에 범람하여 대지를 황폐화시키는 폭력에 대한 일종의 대응이었다. "세상이 무법천지가 되었고"(창 6:11, 13), "홍수가 땅을 뒤덮었다"(7:10). 그러나 그 뒤 이런 식의 대응은 더 이상 이루어지지 않았다. 폭력에 폭력으로 대처하는 일은 더 이상 일어나지 않을 것이다. "땅을 파멸시키는 홍수가 다시는 일어나지 않을 것이다"(9:11).

큰 물 소리보다 더 크시고
미친 듯이 날뛰는 물결보다 더 엄위하신 주님,
높이 계신 주님은 더욱 엄위하십니다.

무정부 상태의 홍수에 대적할 이는 주권자이신 주님뿐이다. 홍수가 세 번 소리를 높이자 주님의 위엄이 세 번이나 주권을 증명한다. 성경에는 이런 식으로 짝지어진 삼행연구三行聯句가 여러 번 등장한다. 악마가 예수님을 세 번 시험하자 예수님은 세 번의 권위 있는 말씀으로 대적하시며 물리치신다(마 4:1-11). 베드로가 예수님을 세 번 부인하자 예수님은 세 번 사랑을 확인하는 것으로 대응하신다(요

21:15-19). 바울이 자신의 '가시'를 두고 세 번이나 이의를 제기하자 하나님은 매번 "내 은혜가 네게 족하다"라는 말씀으로 대응하신다(고후 12:8-9). 누가는 바울의 회심을 세 번이나 언급함으로써 바울이 초대교회에서 벌인 세 번의 테러 활동을 무효화시킨다.[5]

이 모든 사건에서 하나님의 통치권은 그냥 단언되기만 하는 것이 아니라 경험된다. 하나님의 통치는 하나님의 전능이라는 개념에서 추론한 교리가 아니라 두들겨 맞고 상처 입은 이들, 그럼에도 하나님의 통치가 '더 강력하다'는 사실을 경험한 이들의 증언이다.

이 증언은 엄청난 의미를 내포하고 있다. 하나님이 통치권자가 아니면 나는 대혼란 속에 살게 되고 무작위와 우연이 우주에 스며들게 되지만, 하나님이 통치하시면 기초 질서가 잡히기 때문이다. 어떤 사건도 순전한 우연이 아니고, 어떤 혼란도 궁극적인 것이 아니고, 어떤 분쟁도 기초적인 것이 아니다. 내가 제아무리 다른 의지, 다른 권력, 다른 영향력 아래 살고 있다고 해도, 다음의 한 가지 사실은 주요하고 궁극적이며 근본적이고 결정적이다. "높이 계신 주님은 더욱 엄위하십니다." 인생은 사사로운 이익을 위해 집중적으로 로비 활동을 벌이며 친구 및 가족과 좋아하는 경기를 하는 위원들이 2주에 한 번꼴로 화요일에 위원회를 열어 두서없이 다루는 업무가 아니다. 이 세상에는 목적과 질서가 있다. 나는 계획하고 바라고 믿는 일을 할 수 있다. 광범위한 명료함과 평화만이 역사를 뒤흔드는 혼란과 분쟁을 억제할 수 있다.

예수님이 세례를 받는 장면에서도 이 기도문의 반향이 들리는 것

너희 보물이 있는 곳에

같다. 초기 그리스도인들은 노아가 구출되어 새 출발의 은총을 입는 계기가 된 홍수 심판과 예수님이 우리의 구원을 위해 출현하여 새 계약을 맺는 계기가 된 물 세례의 연속성에 주목했다. 예수님이 물에서 일어서실 때 비둘기 형상으로 하강한 성령은 홍수가 지나간 뒤에 생명 출현의 증거를 전달한 비둘기를 연상시켰다. 하나님이 포괄적인 권한 위임을 포함하여 노아에게 내리신 은총은 예수님에게 들려온 천상의 음성, 곧 "이는 내가 사랑하는 아들이다"(마 3:17)라는 음성과 유사하다. 이 구절은 시편 2편에서 인용한 구절로서 애칭이 아니라 다음과 같은 권한의 선언이다. 메시아는 죽음을 초래하는 심연에서 나타나 혼돈을 다스리신다는 것이다. "미친 듯이 날뛰는 물결보다 더 엄위하신 주님, 높이 계신 주님은 더욱 엄위하십니다."

## 폭력은 하나님의 속성이 아니다

바다의 파도보다 강력한 하나님의 통치는 어떻게 실행될까? 하나님의 통치는 우리의 역사에 어떻게 개입할까? 하나님의 통치는 우리의 삶 속에서 어떻게 실현될까? 아래의 세 행이 그 방법을 언급한다.

주님의 증거는 견고하게 서 있으며,
주님의 집은 영원히 거룩함으로 단장하고 있습니다.

주님의 증거는 매우 견고하다. 증거가 물결을 제압한다. 거친 날씨조차도 난폭한 바다에 맞서지 못한다. 안디옥의 이그나티우스는 이렇게 말했다. "폭력은 하나님의 속성이 아니다." 이는 놀랍지만, 철저히 성경적인 단언이다. 하나님의 통치를 실행하는 수단은 완력이 아닌 말씀, 군대가 아닌 증거, 강제 행위가 아닌 창조적 언어다. 일상적으로 무시되고 왜곡되기 일쑤인 증거를 대대로 전달한 이는 예언자와 제사장, 왕과 현인, 사도와 제자였다. 하나님의 통치는 바로 이 증거에 의하여 지속된다.

우리는 하나님을 부정하는 세상의 폭력에 똑같은 방식으로 대처하여 진압하고 야만적인 폭력에 맞서 거친 힘으로 응수하라는 압력을 받는다. "주님, 하늘에서 불이 내려와 그들을 태워버리라고 우리가 명령하면 어떻겠습니까?"(눅 9:54) 하지만 하나님은 격에 맞지 않는 행위를 하시는 분이 아니다. 그분은 말씀으로 통치하신다. 주님의 증거는 매우 견고하다. 하나님의 명령만이 흔들리지 않는다. 겉보기엔 유약해 보이지만, 하나님의 말씀은 세상의 교만하고 위협적인 행동과는 대조적이다. 폭력과 교만은 풀이 죽고 기진하지만, 말씀은 변함없이 건재를 과시한다. '견고하다'라는 뜻의 히브리 단어 네엠누 *ne'emnu*는 여러 문맥에서 '신실하다, 확고부동하다, 기초적이다'로 번역된다. 이 단어의 다른 형태는 다음과 같이 기도를 마치고 확증할 때 쓰는 표현이다. "아멘." "네, 그렇습니다." "단언합니다." "매우 확실합니다."

주님의 증거는 에너지, 섭리와 구속의 에너지를 가동시키고 마음껏 활동하게 하여 떠들썩한 폭력 충동보다 오래 가게 한다. 언론인과 역사가는 이 증거에 좀처럼 주의를 기울이지 않는다. 그러나 소수이긴 하지만, 예리한 관찰력과 명상적 기질의 소유자들은 항상 이 증거에 주의를 기울인다. 수세기 동안 시편 93편을 열렬히 대담하게 기도로 바친 바로 그 예루살렘에서, 현대 이스라엘 소설가 아모스 오즈는 한나라는 소설 속 인물을 내세워 최상의 에너지가 그 도시에 계속 작용하고 있고, 국제적인 폭력과 진부한 세속주의 한가운데에서 눈에 띄지 않게 작용하고 있다고 증언하게 한다. 어느 날 한나는 부엌 창가에 서서 밖을 내다본다.

우리 정원에서 자라고 있는 무화과나무의 한 가지에는 녹슨 그릇 하나가 몇 년째 매달려 있다. 오래 전에 위층에 살던 이웃이 창밖으로 던졌는데, 그만 가지에 걸린 것 같다. 우리가 이 집에 처음 왔을 때에도, 그것은 우리 집 부엌 창밖에서 녹으로 뒤덮인 채 걸려 있었다. 그로부터 사오 년 뒤의 일이다. 그릇은 세찬 겨울바람을 맞고도 땅바닥에 떨어지지 않았다. 그러나 정월 초하룻날, 나는 부엌 개수대 앞에 서 있다가 그릇이 나무에서 떨어지는 장면을 목격했다. 바람이 인 것도 아니고, 고양이나 새가 가지를 흔든 것도 아니었다. 강력한 힘이 그 순간에 열매를 맺은 거였다. 녹슨 금속이 바스라지고 그릇이 덜거덕거리며 땅바닥으로 떨어졌다. 내가 말하려는 바는 이것이다. 말하자면 내가 한 사물 안에 자리한 완벽한 평정을 관찰하던 그 모든 세월 동안, 그 사물 안에서 은밀한 작용이 일어나고 있었다.[6]

이는 사람들이 주님의 대관을 기리는 신년 축제 의식에 참여하여 "주님의 증거는 견고하게 서 있으며"라고 시편 93편을 기도로 바치던 곳에서 멀지 않은 곳, 몇백 미터 떨어지지 않은 곳에서 일어난 일이다. 그 모든 세월 동안 강력한 힘이 작용했던 것이다. 그 힘은 지금도 여전히 작용하고 있다.

둘째 행은 하나님의 통치가 어떻게 인식되는지를 기술한다. "주님의 집은 영원히 거룩함으로 단장하고 있습니다." '단장하다'라는 말은 히브리 단어 나아와na'wah를 번역한 것이다. 이 단어에는 소리와 의미 면에서 다음과 같이 긍정적이고 맥박 치는 성격도 있다. '아름답게 만들다, 알맞게 꾸미다.' 나아와는 맥박처럼 고요하고 맥박처럼 힘차다. 이 단어는 성경의 여느 책보다 아가서에서 자주 사용된다.[7] 배경은 연인 사이의 대화다. 성적인 사랑 속에서 힘차고 자주적인 두 의지가 접촉하고 반응한다. 한 의지가 다른 의지에게 폭력을 가한다면, 이는 추악한 성폭행일 것이다. 한 의지가 다른 의지에게 권한을 포기하면, 이는 둔감한 묵종일 것이다. 두 의지가 호의적인 관계 속에서 충분히 발달하여 표현될 경우에만, 우리는 그들의 아름다운 모습에 갈채를 보낼 것이다.

인간적 사랑의 친밀함을 알리는 이 대화 속에서 나아와가 자주 눈에 띄는 것은 이해할 수 있는 일이지만, 하나님의 통치를 사나운 세상에 공표하는 시편 93편에서도 눈에 띄는 것은 놀라운 사실이 아닐 수 없다. 연애 시에서는 사랑스러움과 아름다움의 이미지가 예상되지만, 통치는 엄격함과 효율성을 특징으로 하는 더 냉정한 환경을

너희 보물이 있는 곳에

필요로 하지 않을까?

하나님은 통치하실 때에도 자신의 본질적인 성품을 버리지 않으시는 것 같다. 그분은 통치하실 때 평소보다 더 확고한 사랑의 하나님, 심원한 신성의 하나님이 되신다. 그분은 인간 역사의 진창 속에서 자신의 통치를 실행하실 때에도 거룩한 사랑의 옷을 벗지 않으신다. 하나님의 통치 수단은 하나님의 통치 목적과 일치한다. 이 통치의 목적은 거룩함, 곧 신성을 모독하는 불경스러운 세상에 서서히 끈기 있게 침투하여 통치하시는 하나님의 아름다우심이다.

"주님의 집은 영원히 거룩함으로 단장하고 있습니다." 둘째 행은 하나님의 통치가 평상시에도 이루어지고 있다고 단언한다. '영원히'로 번역된 히브리 단어 르오렉 야밈l'orek yamim은 '날들이 역사를 통과하여 뻗어나갈 때까지'를 의미한다. 이것은 인간의 역사를 제외한 채 하늘에서 영원토록 이루어지는 하나님의 통치를 가리키는 것이 아니라, 달력을 통해 실시되는 하나님의 통치를 가리킨다. 기도는 하나님의 통치가 역사의 끝 무렵에 실시되기를 참고 기다리는 것이 아니라, 현재 실시되고 있는 하나님의 통치에 끈기 있게 참여하는 것이다. 하나님의 통치는 인간 통치자들이 수세기에 걸쳐 최선(혹은 최악)을 다한 뒤 미래의 어느 시일에 개시되도록 비축된 것이 아니다. 하나님의 통치는 지금 실시되고 있다. 하나님의 통치는 대중이 인정하건 말건 아랑곳하지 않는다.

알든 모르든 누구나 하나님의 통치 아래 살고 있다. 무례하거나 무지해서 하나님의 통치에 반항하고 사는 이도 있고 어쩔 수 없어서

혹은 경건해서 순종하고 사는 이도 있지만, 하나님의 통치를 받지 않고 살 수 있는 이는 아무도 없다. 하나님의 통치는 우리 실존의 전제다. 하나님의 통치가 실시되지 않는 날은 하루도 없다. 한 주는 하나님의 통치가 인정되는 주일과, 공장, 증권거래소, 입법 기관, 매스컴의 인기 스타, 군사 정권이 거짓말과 총과 돈으로 주도권을 잡고 통치하는 인간의 엿새로 나누어지는 것이 아니다. 하나님의 통치는 이집트 탈출과 바빌론 유수, 크리스마스와 부활절과 같은 위대한 역사적 사건으로 나중에 기억되는 특별한 개입에 국한되는 것도 아니다.

물론 하나님의 통치는 눈에 잘 띄지 않는다. 믿으려 하지 않는 귀에는 주님의 법령이 들리지 않고, 의심 많은 눈에는 하나님의 통치의 아름다움이 보이지 않고, 불안한 마음과 아픈 몸에는 하나님의 통치의 현재성이 뚜렷하게 다가오지 않는다. 하지만 중대하고 중요한 실재 중에는 뚜렷하지 않은 것도 여럿 있다. 예를 들면, 물질의 원자 구조, 빛의 특성, 언어의 복잡성이 그러하다. 우리는 잘못 생각하거나 잘 이해하지 못함에도 물건을 집어 들고 형태를 보며 몇 마디를 건네기도 한다. 마찬가지로 우리가 무지하거나 무관심하다고 해서 하나님의 통치가 약화되는 것이 아니다. 하루도 빠짐없이 '주님이 다스리신다.' 우리의 통치자이신 하나님은 대중의 반항심과 악한 기질과 굼뜬 의지, 대중의 선의와 그릇된 친절과 시의적절하지 못한 모험, 대중의 훈련된 사랑과 정화된 복종과 희생적인 섬김을 참작하시어 물질적이고 인간적이고 정치적인 모든 것을 관장하신다. 그분은 이 모든 것으로 생존을 구체화하신다. 그분은 서두르지 않으시는 것 같다. 기

너희 보물이 있는 곳에

도는 한가함과 게으름의 차이를 분간한다. 느림은 태만이 아니다. 결국은 주권자의 뜻이 이루어질 것이다.

대칭은 다음과 같이 완벽하다. 먼저 무정부 상태의 폭력이 등장하고, 주님의 강력한 통치가 이를 되받아치고, 이어서 하나님의 통치 방법을 해설한다.

## 은폐된 이기주의

따라서 기도는 전복 행위다. 기도는 현 정권의 궁극성 주장에 얼마간 공개적으로 도전하는 행위다. 케임브리지 대학교 현대사 교수 허버트 버터필드는 이렇게 말한다. "이 지구상에서 정치 투쟁의 주된 원인, 정치 문제의 중대한 원인은 무엇보다도 은폐된 이기주의일 것이다."[8] 버터필드는 현재의 상황을 초래한 역사적 과정을 탐색하고 추적하며 생애를 보냈다. 그가 보기에는 은폐된 이기주의가 이 과정 가운데 그 어떤 것보다 심각한 원인이었다. 그의 말이 옳다면, 현대의 정치 문제를 바로잡는 대책은 기도 요청일 것이다. 기도는 이기주의를 광장으로 끌어내어 그것에 조치를 취하는 행위이기 때문이다.

하나님은 통치하시고 기도는 하나님의 통치, 즉 하나님의 의도와 하나님의 방법, 하나님의 전략, 하나님의 명령을 인식하게 한다. "나보다 아버지나 어머니를 더 사랑하는 사람은 내게 적합하지 않다"고 하신 예수님의 쌀쌀맞은 진술은 가정의 권위와 사법의 권위, 문화의 권위, 정부의 권위 등 모든 권위를 상대화한다. 시편 93편으로 기도할 때 우리 안에서 흥미로운 변화가 일어난다. 국가, 동호회, 민족, 여타의 동맹체로부터 우리의 충성심이 분리될수록 공동체를 수용하는 우리의 능력은 실제로 그만큼 늘어난다. 애국심은 부푼 이기주의에 지나지 않을 때가 종종 있다. 기도하면 삐걱거리는 정치적 주장이 줄어들고, 우리가 시민으로서 갖추어야 할 자질, 즉 우리의 책무, 우리의 참여, 우리의 가치 기준, 사회 정의에 대한 우리의 열의는 늘어난다. 우리는 기도 속에서 하나님의 당당한 주권을 깨닫고, 그 주권에 대해 복종하고자 하는 마음이 자라나는 것을 깨닫는다. 문화나 가정이나 정부나 직업이나 포악한 자아조차도 하나님의 주권이 지닌 고요한 힘과 창조적인 영향력에 맞설 수 없다. 가족이나 민족과 같은 모든 천부적 유대 관계, 개인과 국가에 대한 모든 자발적 헌신은 결국 하나님의 통치에 종속되게 마련이다.

너희 보물이 있는 곳에

## 5

하나님의 도움이라는 드넓은 세계

하나님은 우리의 피난처이시며, 우리의 힘이시며,

어려운 고비마다 우리 곁에 계시는 구원자이시니,

땅이 흔들리고 산이 무너져 바다 속으로 빠져 들어도,

우리는 두려워하지 않는다.

물이 소리를 내면서 거품을 내뿜고 산들이 노하여서 뒤흔들려도,

우리는 두려워하지 않는다. (셀라)


오, 강이여! 그대의 줄기들이 하나님의 성을 즐겁게 하며,

가장 높으신 분의 거룩한 처소를 즐겁게 하는구나.

하나님이 그 성 안에 계시니, 그 성이 흔들리지 않는다.

동틀 녘에 하나님이 도와주신다.

민족들이 으르렁거리고 왕국들이 흔들리는데,

주님이 한 번 호령하시면 땅이 녹는다.


만군의 주님이 우리와 함께 계신다.

야곱의 하나님이 우리의 피난처시다. (셀라)

—

땅을 황무지로 만드신
주님의 놀라운 능력을 와서 보아라.
땅끝까지 전쟁을 그치게 하시고,
활을 부러뜨리고 창을 꺾고 방패를 불사르신다.
너희는 잠깐 손을 멈추고,
내가 하나님인 줄 알아라.
내가 뭇 나라로부터 높임을 받는다.
내가 이 땅에서 높임을 받는다.

만군의 주님이 우리와 함께 계신다.
야곱의 하나님이 우리의 피난처시다. (셀라)

그리스도 안에는 "너 알아서 하라"는 이름의 상점에서 구입할 수 있는, 그런 삶은 존재하지 않는다.[1]

**해리 블레마이어스**

볼티모어의 한 교회 목사인 친구가 어느 여름밤 개를 데리고 산책하다가 습격을 당했다. 가해자는 시계와 지갑을 빼앗은 다음, 누가 주도권을 쥐고 있는지를 알리려고 그를 땅바닥에 내동댕이치고 늑골을 여러 번 발로 찼다. 며칠 후 그 친구를 만나 보니, 온통 멍이 든 채 아파하면서 폭력이 정서에 끼친 여파를 여전히 느끼고 있었다. 한 주 뒤, 그는 범죄로 가득한 도시와는 거리가 먼 와이오밍 주의 그랜드티턴으로 가서 한 달 정도 휴가를 보내고 싶다고 했다.

6주 뒤, 그 친구를 다시 만났다. 이번에는 팔이 붕대에 감겨 팔걸이에 걸려 있었다. "어찌된 일인가?" 그는 와이오밍 주의 로키 산맥에서 말을 타고 여행 중이었다. 고산지대가 원시의 모습으로 기분을 돋우어주었다. 잠시라도 비열한 생각을 품거나 혼자서는 비열하게 행동할 수 없는 곳이었다. 범죄자는 적어도 직선거리로 160킬로미터나 떨어져 있었다. 갑자기 그의 말이 그림자에 놀라 뒷다리로 섰고 그 바람에 내 친구는 땅바닥에 나동그라졌다. 그는 부러진 팔을 안고 고통으로 몸부림치면서 이렇게 말했다. "대낮에 와이오밍의 산속을 걷는 것보다는 밤중에 볼티모어의 거리를 걷는 것이 더 안전하다네. 저 광대한 곳은 수십 가지 방법으로 자네를 죽일 수 있거든."

우리는 날마다 잠에서 깨어나 폭력의 세상을 마주한다. 가재도구가 산산조각 나고 사람들이 서로 고함치며 물어뜯는다. 밤중에 마음 놓고 거리를 걸을 수도 없다. 그렇다고 대낮에 사람이 살지 않는 산속에서 도보여행을 하는 것이 안전한 것도 아니다. 세상이 위험에 처해 있다. 흥청망청 먹어대는 바람에 지구의 자원이 고갈되고, 아름다운 지구가 전례 없는 비율로 파괴되고 있고, 비인간화가 유행하면서 지구의 사람들이 고문과 괴롭힘을 당하고 천시를 받고 있다. 매년 통계를 집계하고 그 결과를 발표하는 이들이 있다. 다음과 같은 항목 하나하나의 수치는 섬뜩하다. 살인, 강간, 폭행, 강도, 아동학대, 정치 테러, 전쟁. 사람들이 다른 이들에게 고통을 주기 위해 생각해내는 잔인한 행위는 우리의 이해력을 넘어선다. 사람들이 서로에게 그리고 땅에게 하는 짓을 보면 구릉지로 떠나고 싶어진다. 하지만 우리는 그곳에 도착하자마자 자신이 다른 종류의 폭력 한복판에 있음을 깨닫는다. 예를 들면 화산이 분화하여 산을 파괴하고, 홍수가 으르렁거리며 강둑을 넘어 농장을 삼키고, 지진이 지면의 갈라진 틈을 벌려 똑바로 서 있는 모든 것을 쓰러뜨리고 삼켜버린다.

세상은 거친 곳이다. 도시나 시골이나 거칠긴 매한가지다. 사람들이 모일 때나 그렇지 않을 때나 세상은 거칠다. 우리는 안전하고 편안한 곳에서 살고 싶어 한다. 우리는 사태가 통제되기를 바란다. 우리는 악, 위험, 재앙이 우리에게 미치지 않기를 바란다. 그래서 문에 맹꽁이자물쇠를 채우고 마당에는 울타리를 둘러친다. 거리에는 경찰관을 배치하고 병기고를 세워 무기를 전 세계에 배치한다. 우리의 이 모든 노력에도 폭력은 줄어들지 않는다.

## 폭력 한복판에서 기도하기

폭력을 피할 수도 없고 대항적 폭력으로 그것을 일소할 수도 없다면, 최선을 다해 그것을 견제하고 냉철하게 참는 것 외에 할 일이 있을까? 있다. 우리는 기도할 수 있다. 지혜로운 목소리와 존경받는 목소리가 수세기를 가로질러 우리에게 가르치는 대로, 기도만이 변화를 가져오는 유일한 행동이다.

시편 46편은 이 목소리 가운데 하나로서 폭력 한복판에서 무언가를 하기 위해 기도하는 목소리다. 시편 46편은 오늘날 만연한, 퇴각이나 도피로서의 잘못된 기도를 바로잡아줄 수단, 우리에게 꼭 필요한 수단이다. 세상이 일격을 가하고 제멋대로 창피를 줄 때, 우리는 사적 위안의 세계로 들어가 하나님의 호의를 얻으려고 한다. 그러나 성경적인 기도, 특히 시편 46편과 견주어볼 때 그러한 기도는 마음이 병들었음을 알리는 징후다.

건강한 기도는 물러서지도 않고 맞서지도 않는다. 건강한 기도는

너희 보물이 있는 곳에

이 세상에서 잘못 돌아가는 부분이나 나의 내면에서 잘못 돌아가는 부분을 처리하는 방법이 아니라, 이 세상과 나의 내면에 계신 하나님과 관계를 맺는 방법이다. (시편 46편에서 폭력의 형태로 등장하는) 악은 간접적으로 처리된다. 그것은 기도의 형식과 기도의 의식儀式 속에 흡수된다. 기도는 우리를 잔인한 경험의 습격으로부터 구출하여 은혜 경험의 에너지 속으로 이끈다. 이 과정에서 폭력 자체가 변화된다.

기도하는 이들은 수세기 동안 이 세상의 구석구석에서 이 일을 성공적으로 수행해왔고 지금도 헤아릴 수 없는 영향을 미치고 있다. 신문 기자들이 그들의 활동이나 활동의 결과를 보도하지 않는다고 해서 줄기차게 평화를 일구는 그들의 힘이 줄어드는 것은 아니다. 그들은 폭력을 진지하게 받아들여 올바로 바라본다. 하나님은 내가 폭력보다는 그분에게 주목할 것을 요구하신다. 나는 그분에게 주목함으로써 파멸 속에서 그분의 도시가 모습을 갖추어 가는 것을 보게 된다.


## 안팎의 폭력

시편 46편의 배경 이미지는 거칠다. 이 시편으로 기도하다 보면, 기대했던 것보다 훨씬 많은 폭력을 접하게 된다. 시편 46편은 세 벌의 이미지를 동원하여 폭력을 묘사한다. 첫째 이미지는 자연에서 접할 수 있는 폭력을 가리킨다. 지진 속에서 입을 벌리는 땅,[2] 바다에서 분출하는 화산, 파괴를 일삼는 홍수(2-3절). 둘째 이미지는 정치적 폭력을 가리킨다. 성난 민족, 붕괴하는 왕국, 뜨거운 태양 아래 밀랍 인형처럼 녹아내리는 정부의 견고한 업적(6절). 셋째 이미지는 군사적인 폭력을 가리킨다. 전쟁, 활, 창, 전차, 약자들을 해치고 죽이고 정복하고 가난한 자를 노예화하는 데 사용되는 무시무시한 무기(9절). 터키의 지진, 사하라 이남 지역의 기근, 미시시피 강의 범람, 중동 전쟁 등 현대의 사례로도 이를 쉽게 설명할 수 있다. 우리는 지구의 자원을 약탈하고 태어나지도 않은 생명을 낙태한다. 안팎으로 폭력이 난무한다. 어떤 이들이 다른 이들에게 적개심을 표출하면, 우리는 그들을 투옥시킨다. 어떤 이들이 우리에게 적의를 표출하면, 우리는 그들을 정신 병원에 처넣는다. 어떤 이들이 타국에 적개심을 표출하면, 우리는 그들에게 훈장을 수여하기도 한다.[3]

기도를 통해 갈등에서 벗어날 수 있다고 생각한다면, 이는 오산이다. 시편에 푹 잠김으로써 우리 시대의 거슬리는 뉴스에서 벗어날 수 있다고 생각하는 것도 오산이다. 하나님에게 주의를 기울임으로써 요지부동의 평화와 순수한 기쁨으로 충만해져 우리 삶에 자리한 야만 행위를 알아챌 여지가 전혀 없다고 생각하는 것도 틀린 생각이다. 자연도 난폭하고 정부도 난폭하고 사람들도 난폭하다. 시편 읽기는 충격적인 경험이다. 기도는 용기 있는 행위다.

그러나 시편 46편이 폭력을 비유적으로 묘사한다고 해서 폭력이 주제인 것은 아니다. 시편 46편의 주제는 하나님이다. 기도를 일으키는 상황이 어떠하든 간에 기도는 하나님과 관계한다. 우리가 처해 있는 환경이 하나님에게 대드는 환경이거나 하나님을 떠난 환경이라고

너희 보물이 있는 곳에

해도 기도는 일종의 전파 탐지기로 하나님에게 이르는 길을 찾아 나선다. 어떤 것도 '우리의 실재'이신 하나님을 내쫓을 수 없다. 기도는 소음과 네온램프 한복판에서 주목받지도 않고 눈에 띄지도 않는 이 실재에 대한 인식을 기르는 주요 활동이다.

만군의 주님이 우리와 함께 계신다.
야곱의 하나님이 우리의 피난처시다.

이 기도문의 핵심인 이 두 행은 이 기도문이 지닌 내적 리듬의 수축과 이완을 구분한다. 이 두 행의 연구連句는 대칭을 이루는 구가 하나씩 등장할 때마다 뒤이어 등장한다.[4]

여기서 하나님의 이름 짓기가 매우 조심스럽게 이루어진다. 만군의 주님이라는 칭호는 한 그림을 생생히 표현한다. 만군은 군대, 하나님의 명령을 수행하는 신속하고 무섭고 거대한 천사의 군대를 가리킨다. 야곱의 하나님이라는 칭호는 한 이야기를 떠올리게 한다. 얍복 강가에서 야곱과 씨름하다가 복된 친교를 맺는 끈덕진 적수를 생각나게 하는 것이다. '만군의 주님'은 강력한 하나님이고 '야곱의 하나님'은 인격적인 하나님이다. 그러나 이 칭호가 우리의 예상과 연결되는 방식에는 의외의 반전이 있다. 다들 군대의 은유는 방어, 곧 '피난처'와 연결될 것이고, 인격의 은유는 친밀감, 곧 '우리와 함께하심'과 연결될 것이라고 예상한다. 하지만 용어들이 신중히 재배열된다. 그리하여 우리는 전사이신 하나님과 친밀해지고 가족 모두의 친구이신 분으로부터 보호를 받는다. 강력한 하나님(만군의 주님)이 우리의 친구가 되시고(우리와 함께 계시고), 인격적인 하나님(야곱의 하나님)이 우리를 보호하시는(우리의 피난처이신) 것이다.

어쨌든 하나님은 한 분이시다. 용어 바꿔 쓰기는 "하나님은 이런 분일 거야. 하나님은 이런 일을 하실 거야"라는 틀에 박힌 예상을 저지한다. 상투적인 표현이야말로 기도의 주된 적이다. 신앙의 여러 특이성을 흐리게 하여 진부하게 만드는 것은 다름 아닌 위선적인 반복이다. 하지만 이제 우리의 인식과 우리의 예상은 다시 예리해진다. 우리는 파괴적인 사회에 살고 있으면서도 (폭행을 당하지 않고) 존엄성을 지닌 존재로 대우받는다. 우리는 몰인격적인 사회에 살고 있으면서도 (고립되지 않고) 관계 맺기에 참여한다. 우리는 이용 대상도 아니고 괄시 대상도 아니다. 우리는 귀히 여김 받고 존중받고 보호받는 존재다. 우리는 하나님이 사랑하시는 존재, 하나님이 귀여겨들어주시는 존재, 하나님이 이야기를 거시는 존재다. 우리는 안전과 친밀함을 경험한다. 우리는 경험한 것만을 실행에 옮길 수 있다. "만군의 주님이 우리와 함께 계신다. 야곱의 하나님이 우리의 피난처시다."


## 우리가 아는 문명


이것이 다가 아니다. 하나님이 강력하고 인격적인 분이라는 단언은 하나의 이미지, 즉 기도하는 상상력을 격려하여 세차게 붕괴하는

　　　　　　　　　너희 보물이 있는 곳에

세상 속에서 이 단언의 의미를 실감하게 하는 이미지와 연결된다. 그 이미지가 4절에서 제시된다.

오, 강이여! 그대의 줄기들이 하나님의 성을 즐겁게 하며,
가장 높으신 분의 거룩한 처소를 즐겁게 하는구나.
하나님이 그 성 안에 계시니, 그 성이 흔들리지 않는다.
동틀 녘에 하나님이 도와주신다.

널리 스며들어 기도의 분위기를 조성하는 폭력과는 대조적으로 하나님의 도시는 순전한 사실로 간주된다. 도시는 문명화된 지역, 예의와 신뢰가 자리한 공간이다. 우리의 경험상으로는 꼭 그렇다고 할 수 없지만, (예외적 사례의 여러 보도로 보건대) 도시는 그러한 특성을 가지고 있다고 할 수 있다. 이 하나님의 도시는 미래의 청사진도 아니고, 간절히 바라는 동경의 대상도 아니고, 적절한 법률로 제정될 약속도 아니다. 하나님의 도시는 지금 여기에 존재한다. 하나님은 이 공간에, 이 세상에 현존하신다. 하나님은 이따금 우리의 해변을 찾는 관광객이 아니다. 하나님은 야영객이 아닌 시민의 신분으로 이 세상에 주거지를 마련하셨다. 하나님의 도시는 이 세상에 존재한다. 폭력이 존재하는 바로 그 세상에 하나님의 도시는 존재한다. 이는 하나님을 찾기 위해 고요하고 한적한 골짜기로 떠날 필요가 없다는 뜻이다.
아우구스티누스는 하나님의 도시라는 이미지를 사용하여, 인간의 존재와 활동 속에 현존하시며 활동하시는 하나님, 인간의 역사에

침투하시는 하나님의 역사를 설명했다. 그가 《하나님의 도성De civitate Dei》을 쓴 시대는 역사상 가장 광포한 시대 중 하나로 거칠고 어지러운 시대였다. 그 시대는 서고트족의 족장 알라리크와 이교도 무리가 북쪽에서 내려와 로마 문명을 파괴하던 시대였다. 아우구스티누스의 저작은 현실 도피 신학이 아니라 기도가 담긴 저널리즘에 가깝다.

아우구스티누스가 보도한 하나님의 도시를 우리 시대 언론이 보도하고 우리 시대 학자가 연구하는 행정부, 입법부, 사법부와 동일시할 수는 없다. 그렇다고 하나님의 도시가 우리의 물질세계에서는 눈에 보이지 않는 '영적' 실재라고 결론을 내린다면, 이는 크나큰 실수다. 하나님의 도시는 지극히 가시적이고 대단히 역사적이며 매우 현실적이다.[5] 실로 하나님의 도시는 다수의 눈에 보이지 않는데, 이는 하나님의 도시가 눈에 띄지 않아서가 아니라, 그들이 올바른 방향으로 보지 않거나 하나님의 활동과 현존을 알아볼 만큼 훈련된 눈을 갖추지 못해서다. 세상 사람들은 아우구스티누스가 제시한 하나님의 도성 개념을 수세기에 걸쳐 고의로 무시하기는 했어도 논박하지는 못했다. 시편 46편이라는 확정적인 기도문에서 발전한 개념이니 논박하기가 불가능할 것이다.

이 도시 곁으로 흐르는 강이 하나 있다. 고대 세계에서는 나일 강이나 티그리스 강, 유프라테스 강, 테베레 강처럼 큰 강의 기슭에 주요 도시를 건설했다. 이 강들의 발원지는 에덴이다. 새 예루살렘에도 강이 관류할 것이다. 강은 식수가 되기도 하고 세척 수단과 운송로가 되기도 한다. '강 하나가 있다'는 말은 이 세상에 있는 하나님의 주거지가 빈민굴이 아니라는 뜻이다. 하나님의 주거지는 수송용 포장 상자와 드럼통을 필사적으로 그러모아 세운 난민촌이 아니라 강이 잘 갖추어져 있는 쾌적한 곳이다.

강과 도시의 병렬은 우리 가운데 있는 하나님의 거처를 포괄적으로 이해할 것을 요구한다. 그 거처는 하나님이 말씀으로 지으신 곳이자 건축자들이 망치로 건설한 곳이기도 하다. 도시의 소음을 제거하고 원래의 창조 세계(강)만 남아 있게 한다고 해서 우리 가운데 계시면서 활동하시는 하나님을 더 잘 감지할 수 있는 것도 아니고, 물과 바람의 거친 요소를 제거하고 통제와 조정이 잘 이루어지는 거리와 계시의 구조물(도시)만 남긴다고 해서 하나님을 더 잘 감지할 수 있는 것도 아니다. 하나님의 주거지는 양자, 곧 신비와 명료함, 자연과 역사, 기본적인 것과 복잡한 것, 창조 세계와 왕국을 모두 아우른다.

자연과 국가들 속에 도사린 무섭고 불가피한 폭력의 상황에서 이 강변 도시를 두고 놀라운 주장이 나온다. "그 성이 흔들리지 않는다." '흔들리다'라는 동사는 2절 '땅이 흔들리고 산이 무너져 바다 속으로 빠져 들어도'에서도 사용되었고, 6절 '왕국들이 흔들리는데'에서도 사용되었다. 5절에서는 이 동사가 '흔들리지 않는' 도시를 두고 사용되는데, 본래 재난을 뜻하는 단어에서 유래한 말이다.[6] 묵시적 양식의 고대 우가리트 문헌에서는 이 동사를 세상의 마지막 날에 있을 총체적인 붕괴를 가리키는 데 사용했다. 산도 붕괴하고 왕국도 붕괴하지만, 하나님의 도시는 흔들리지 않는다. 창조 세계도 안전하지 않고 문명 세계도 안전하지 않지만, 하나님은 안전하시다.

하나님의 도시가 안전한 까닭은 그곳이 잘 방비된 불가침의 공간이어서가 아니라, 하나님이 특별히 활동하시며 도우시는 영역이기 때문이다. 1절에서는 도움이라는 명사가 사용된다. 즉석 도움. 미첼 대후드는 이것을 '예로부터의 도움'으로 번역하고, '즉석'이라는 표현을 '늘 있어온', 즉 현존하심의 오랜 기록으로 해석한다. 바꾸어 말하면, 이 도우심을 입증할 만한 역사, 수세기의 증거 자료가 있다는 것이다. 하나님은 궁여지책이 아니라 믿을 만한 진짜 도움, 충분히 검증된 도움이시다. 5절에서는 '돕다'라는 동사가 사용된다. "동틀 녘에 하나님이 도와주신다." 예루살렘 성경 역시 이 부분을 '새벽녘에'로 번역한다. 우리는 반나절 혹은 인생의 반을 낭비할 필요가 없다. 그 전에 하나님이 눈을 비비며 나타나셔서 "뭘 해줄까?" 하고 물으신다. 그분은 육신이 되어 우리 가운데 사신 까닭에(요 1:14), 우리가 살고 있는 세상이 어떤 세상인지, 그 속에서 살고 있는 우리가 얼마나 취약한지 잘 아신다. 그분은 우리의 필요를 예상하시고 앞서 계획하신다. 그분은 돕기 알맞은 때에, 곧 '새벽녘에' 현존하신다.

우리는 하나님의 도움을 받는다. 스스로를 돌보는 것이 아니라 돌봄을 입는다. 무관심이라는 벽 뒤에 숨어 스스로를 수비하는 것이 아니라 도우시는 하나님과 함께 이 세상에서 목숨을 건다. 우리의 삶을 자조自助라는 하찮은 차원으로 축소하는 것이 아니라 은혜라는 익숙하지 않고 시험되지 않은 광활한 공간에 맡긴다. 신앙생활의 주요 주장과 통찰은 도움이 늘 제공되고 있다는 것이다.

"도움을 바라고 기도하고 외쳤지만, 도움은 오지 않았다"라는 항변을 마주해서는 다음과 같은 답변을 제시할 수 있다. "하지만 도움은 왔었다. 도움은 있었다. 도움은 바로 가까이에 있었다. 그대는 전혀 다른 것을 기대했을 테지만, 하나님은 그대의 삶을 건강하고 온전하게 해줄 도움을 베풀어주셨다. 그대의 삶은 물론이고 국가와 사회와 문화까지 고쳐줄 도움을 말이다." 기도하는 사람은 어째서 도움이 오지 않았는가라고 묻기보다는 자신의 삶과 역사, 지도자, 운동 단체, 사람들 속에서 실제로 무슨 일이 벌어지고 있는지 주의 깊게 주시하고, "이것도 하나님이 베푸시는 도움일까?"라고 묻는다. 그리고는 "이것이 도움이라고는 생각지도 못했는데, 어쩌면 도움일지도 몰라"라고 말한다. 기도는 신문보다 더 정확하게 현실을 읽는 법을 알려준다. 프랑스 소설가 조르주 베르나노스가 다니던 교회의 시골 사제는 이렇게 외친다. "생각해보시오! 말씀이 육신이 되었는데도, 당시의 신문 기자들은 그런 일이 일어났다는 사실조차 몰랐다오!"[7]

## 보아라, 주님의 놀라운 능력을

우리는 두 명령의 지시를 따라 자조自助라는 속 좁은 세계에서 벗어나 하나님의 도움이라는 드넓은 세계로 나아간다. 첫 번째 명령은 다음과 같다. "주님의 놀라운 능력을 와서 보아라." 하나님이 무슨 일을 하시는지 오래도록 찬찬히 살펴보라는 것이다. 이 명령은 끈덕진 주의와 집중을 요구한다. 모든 이가 시끄럽게 떠들어대지만, 하나님은 그러지 않으신다. 신문의 머리기사, 네온램프, 세상의 확성 장치는 인간의 업적을 큰소리로 알린다. 하나님의 업적은 어떤가? 하나님의 업적은 광고하는 이가 없지만, 그저 바라보기만 해도 피할 수 없다. 하나님의 업적은 어디에나 있다. 하나님의 업적은 기기묘묘하다. 하지만 하나님은 홍보 대행사가 없다. 우리의 주의를 끌려고 홍보 활동을 펼치지도 않으신다. 그저 바라보라고 권유하신다. 기도는 주님의 업적을 바라보는 행위다.

우리는 본다. 무엇을 보는가? 우리는 주님께서 땅을 어떻게 황무지로 만드셨는지 본다.[8] 생명의 증식은 놀랍도록 멋진 일이다. 화려한 광고판과 선혈이 낭자한 참사에만 주의를 기울이는 자는 잠자리에서 일어나 주위부터 둘러볼 것이다. 기도하지 않는 자는 큰 활자만 보고 대세에만 주의를 기울이고 대형 사고만 주목할 것이다. 기도하는 이는 자료가 사방에서 흘러드는 것을 볼 것이다. 기도하는 순례자 애니 딜라드는 현관문을 열고 나가 자신이 본 것을 아래와 같이 말한다.

창조주는 과도해 보이는 풍부함과 깊이를 알 수 없는 근원에서 솟아난 무제한의 에너지를 지닌 까닭에 야생의 독특한 옆길로 연속해서 새거나 동시에 수백만 개의 옆길로 샌다. 도대체 무슨 일이 일어나고 있는가? 잠자리의 가공할 입, 물장군, 새소리, 햇빛을 받은 잉어들의 눈부시게 아름다운 빛깔과 번득임이 전하는 요점은 이 모든 것이 시계 장치처럼 꼭 들어맞는 것은 아니지만, 샛강처럼 야생 상태로 자유로이 흘러가다가 물결치는 대로 떠돌며 자유로이 뒤엉킨다는 것이

너희 보물이 있는 곳에

다. 자유는 세상의 물, 세상의 날씨, 공짜로 주어진 세상의 자양분, 세상의 토양, 세상의 수액이다. 창조주는 화려함을 좋아한다.[9]

우리는 주님께서 땅끝까지 전쟁을 그치게 하시고, 활을 부러뜨리고 창을 꺾고 방패를 불사르시는 것도 본다. 하나님은 전 세계를 무장 해제시키신다. 하나님은 사람들이 이웃과 적에게 자신들의 뜻을 우격다짐으로 강요하는 모든 방식을 쓰레기더미에 내던지신다. 폭력은 효과가 없다. 폭력이 효과적이었던 적은 한 번도 없었고 앞으로도 그럴 것이다. 무기는 유용하지 않다.

폭력의 역사는 실패의 역사다. 승리한 전쟁은 한 번도 없었다. 승리한 전투도 그러하다. 폭력 행사는 그것을 위해 동원된 실재, 즉 명예와 진실, 정의를 파괴한다. 우리는 이 세상에 살면서 활동하고 게다가 죄인이기도 한 까닭에 어쩔 수 없이 폭력을 행사할 때가 간혹 있다. 그러나 그렇게 불가피한 경우에도 폭력 행사는 옳은 일이 아니고 하나님도 폭력에 참여하시지 않는다.[10]

하나님이 하시는 일을 꾸준히 지속적으로 살펴보면, 어리석게도 (개인적인 이유에서든 국가적인 이유에서든, 심리적인 이유에서든 물질적인 이유에서든 간에) 필사적으로 이루어지고 있는 군비 증강이 체계적이고 결정적인 군비 축소의 영향을 받고 있음을 알게 된다. 폭행은 창조적 행위와는 반대되는 행위다. 창조적인 사람이 되겠다는 의지나 창조적인 사람이 되는 데 필요한 인내심이 바닥났을 때, 대개의 사람들은 우격다짐으로 자기 의지를 표출하려고 한다. 이 세상에 폭력이 난무하는 이유는 사람들이 게으르거나 성숙하지 못하기 때문이라고 주장한다. 그러나 기도하는 사람은 제아무리 폭력이 난무해도 폭력이 세상 사람 대다수의 활동 방식도 아니고 하나님의 활동 방식도 아니라는 것을 깨닫는다. 그러나 이 사실을 깨닫고 비전을 유지하려면, 에너지와 성숙함이 필요하다.


## 손을 멈추고 알아라

두 번째 명령은 다음과 같다. "너희는 잠깐 손을 멈추고, 내가 하나님인 줄 알아라." 손을 멈추어라. 분주한 거리 활보를 그치고 충분히 시간을 들여 인생에는 자조自助에 바탕을 둔 하찮은 계획보다 훨씬 나은 것이 있음을 깨달으라는 것이다. 시끄럽고 분주한 환경에서는 친교, 즉 깊고 통합적이고 인격적인 관계를 맺는 것이 불가능하다. 하나님이 구속의 생생한 중심이라면, 그 인격적인 의지와 계속 접촉하고 그 의지에 호응하는 것이 꼭 필요하다. 하나님이 이 세상을 향해 뜻을 품고 계시고 우리가 그 뜻에 참여하고자 한다면, 오랫동안 잠잠히 있으면서 하나님의 뜻이 무엇인지를 알아야 한다. (저녁 뉴스를 시청하면서 하나님의 의도를 알 수는 없기 때문이다.) 다양한 주제를 사려 깊게 다룬 프리드리히 폰 휘겔은 이런 말을 곧잘 했다. "세차게 달려드는 군중 속에서 무언가가 이루어진 적은 이제까지 한 번도 없었다."[11]

"알아라." 성경에서 '알다'라는 단어는 성적인 의미를 가지고 있

너희 보물이 있는 곳에

다. 아담은 이브를 알았다. 요셉은 마리아를 알지 못했다. 이 표현은 많은 이의 생각과 달리 소심한 완곡어법이 아니라 대담한 은유다. 최상의 지식, 더할 나위 없이 인간적인 지식은 정보가 아니라 공유된 친밀감, 창조적 행위로 바뀌는 교분이다. 그런 지식은 두 사람이 사랑을 나누고 새로운 생명을 탄생시키는 성관계와 유사하다. 스페인 철학자 미구엘 데 우나무노는 이렇게 말한다. "'안다'는 말은 사실상 '생기게 한다'는 뜻이고, 이 점에서 모든 생생한 지식은 침투를 전제하고 어떤 대상을 아는 인간의 내적 존재와 그 대상의 융합을 전제한다."[12] 앎은 결국 한쪽 배우자와는 다른 새로운 존재, 즉 한쪽 배우자보다 더 나은 존재를 낳는다. 아이는 홀어버이의 복제물도 아니고 단순히 양친을 합친 것도 아니다. 양친의 특징이 있기는 하지만, 새로운 생명은 예측이 불가능하고 의외성이 가득한 그만의 생명이다.

우리는 이 예사로운 경험, 곧 새 생명을 초래하는 성적인 앎을 활용하여 우리가 기도할 때, 소란스러운 곳에서 물러나 외부 세계가 틈입하지 못하도록 문을 닫아걸고 느긋한 독거를 고수할 때, 어떤 일이 일어나는지 설명할 수 있다. 이것은 반사회적 행위도 아니고 이기적 탐닉도 아니고 공적 책임의 회피도 아니다. 오히려 이것은 공적 책임을 이행하고 문명 전체에 이바지하는 행위다. 정확히 말하면 기도는 창조적인 행위다. 혼잡한 도로에서 애정 행위를 하는 것은 불가능하다. 미켈란젤로는 놀라운 창의성을 지녔으면서도 갓난아기에 견줄 만한 작품을 그리거나 조각하지 못했다. 레오나르도 다 빈치는 르네상스 시대에 뛰어난 창의성을 지녔으면서도 소작농 부부가 소박하게 동침하여 낳은 것을 조금도 흉내 내지 못했다. 기도하는 사람들도 이 소작농 부부처럼 소박한 자리, 세상을 풍요롭게 하는 자리, 자기 초월의 자리, 놀람과 기쁨의 자리에서 창조 과정에 헌신한다.

손을 멈추고 알아라. 해결되지 않은 문제, 당혹스러운 난국이 문명 세계에 어수선하게 널려 있다. 이 세상의 가장 뛰어난 지성들도 한계에 다다랐다. 우리의 사정을 기정 질 아는 관찰자들도 몹시 두려워하고 있다. 이 막다른 난국의 지점에서 그리스도인이 할 수 있는 가장 적절한 기여는 기도, 즉 인격적인 하나님, 살아계신 하나님을 기어이, 반복해서, 느긋하게 만나는 행위다. 이 만남 속에서 새로운 생명이 잉태된다.

기도만이 우리가 할 일의 전부는 아니다. 기도 외에도 우리가 몸에 붙여야 할 모범과 행동이 있다. 가정을 예로 들면, 자녀 양육, 잔디 깎기, 생계유지가 있다. 지력을 발휘하고 태도를 정하고 윤리적 결단과 책임을 다하는 용기도 지녀야 한다. 그러나 아기가 태어나지 않는다면, 문명 세계는 존속할 수 없을 것이다. 신앙인이 하나님의 사랑을 충분히 바라지 않고 이 세상의 혼란을 뒤로할 만큼 충분히 훈련을 쌓지 않고, '손을 멈추고 알아볼' 만큼 충분히 느긋해지지 않으면, 탄생은 일어나지 않을 것이다.

너희 보물이 있는 곳에

## 6

침묵, 경청의 선행 조건

———

내 영혼이 잠잠히 하나님만을 기다림은
나의 구원이 그에게서만 나오기 때문이다.
하나님만이 나의 반석, 나의 구원,
나의 요새이시니, 나는 결코 흔들리지 않는다.

기울어가는 담과도 같고
무너지는 돌담과도 같은 사람을,
너희가 죽이려고 다 함께 공격하니,
너희가 언제까지 그리하겠느냐?
너희가 그를 그 높은 자리에서 떨어뜨릴 궁리만 하고,
거짓말만 즐겨 하니,
입으로는 축복하지만 마음속으로는 저주를 퍼붓는구나. (셀라)

내 영혼아, 잠잠히 하나님만 기다려라.
내 희망은 오직 하나님에게만 있다.
하나님만이 나의 반석, 나의 구원,
나의 요새이시니, 나는 흔들리지 않는다.
내 구원과 영광이 하나님께 있다.
하나님은 내 견고한 바위이시요, 나의 피난처이시다.

—

하나님만이 우리의 피난처이시니,
백성아, 언제든지 그만을 의지하고,
그에게 너희의 속마음을 털어놓아라. (셀라)

신분이 낮은 사람도 입김에 지나지 아니하고,
신분이 높은 사람도 속임수에 지나지 아니하니,
그들을 모두 다 저울에 올려놓아도
입김보다 가벼울 것이다.

억압하는 힘을 의지하지 말고,
빼앗아서 무엇을 얻으려는 헛된 희망을 믿지 말며,
재물이 늘어나더라도 거기에 마음을 두지 말아라.

하나님께서 한 가지를 말씀하셨을 때에,
나는 두 가지를 배웠다.
'권세는 하나님의 것'이요,
'한결같은 사랑도 주님의 것'이라는 사실을.
주님, 주님께서는 각 사람에게 그가 행한 대로 갚아주십니다.

아마도 가장 심오한 의지는 자기주장과 지배가 아니라 사
랑과 복종이며, 권력에 대한 의지가 아니라 기도에 대한 의
지일 것이다.[1]

**윌리엄 배럿**

우리들 대다수의 내면에는 광대한 영역의 삶이 아직 개발되지 않은
채로 존재한다. 창조력, 사랑하는 능력, 실행 능력이 우리 안에서 잠
자고 있다. 우리는 개인적인 관계 속에서 옴짝달싹 못하고 터무니없
이 혹사당하고 있다. 직장에서는 소심하게 굴다가 승진에서 제외되
고, 결혼 생활에서는 협박도 당하고 이용도 당한다. 공동체에서는 자
신이 쓸모없다고 생각하고, 정부와 기업으로부터는 인색하고 겉만
그럴 듯한 서비스를 받는 운명이라고 느낀다.

그러다가 이따금 어떤 사람이 우리 사이에서 일어나 인간이 된다
는 것이 얼마나 경이로운 일인지를 알린다. 대단히 과학적인 문서가
증명한 대로 우리들 가운데 가장 하찮은 사람도 믿을 수 없을 정도의
두뇌, 풍부한 감정, 고도로 진화된 신체를 갖추고 있다. 그러한 존재
가 빈둥거리고 소심하게 지낸다니 우스운 일 아닌가. 우리 가운데 누

너희 보물이 있는 곳에

군가가 동네북이나 행주 취급을 받는다니 수치스러운 일 아닌가. 우리는 두 발로 서서 우리의 권리를 두 손으로 쟁취하라는 요구에 직면한다. 호소는 뜨겁고 계속 빗발친다. 심리학, 경제학, 정치학 문헌은 자기주장에 관한 설교를 끊임없이 내놓는다. 하지만 그러한 설교를 몇십 년 동안 내놓은 결과 예기치 못한 일이 벌어졌다. 사회가 오만하고 따분한 곳으로 변해버린 것이다. 그토록 합리적인 해결책과 맞물린 그토록 명백한 필요가 그토록 나쁘게 변하다니 어찌된 일일까?

자신감, 즉 확신에 찬 행동과 열의에 찬 솔선은 건강한 삶의 기본 요건이다. 그러나 자기주장은 인간 발전과 공동체의 선을 위한답시고 근본적인 선을 일그러뜨리고 망가뜨린다. 시편 62편은 자아의 자신감이 아니라 하나님의 자신감을 다룬다. 그러면서 자기를 주장하던 쪽에서 하나님의 자신감에 참여하는 쪽으로 옮겨간다.

기도 속에서 우리는 하나님의 자신감을 깨닫고 그 자신감에 응답한다. 기도하는 이는 하나님이 활동하고 계심을 깨닫는다. 하나님은 비활성 기체도, 형태가 일정하지 않은 생각 덩어리도, 추상적인 미덕도 아니다. 그분은 우주의 원인으로서 멀리 떨어져 계신 분도 아니다. 그분은 이 세상의 인간사, 즉 정부와 창조 세계, 대양과 부엌, 영혼과 사회 속에서 자신의 의지를 역설하신다. 수많은 사람이 자기주장이라는 복음을 포기하면 소심한 자기 회의에 빠질 것으로 생각한다. 그러나 실제로는 전혀 다른 것을 경험하게 된다.

# 잠잠히 기다리기

자기주장의 이기심을 끊는 이 기도문의 중심 주제는 반복에 의해 두드러진다. 반복은 쌍안경 역할을 한다. 1-2절과 5-6절이 완전히는 아니지만, 거의 일치하기 때문이다. 지배적인 문장은 "내 영혼이 잠잠히 하나님만을 기다림은"(1절, 5절)이다.

하나님만을. 하나님은 다수 가운데 하나가 아니다. 우리는 기도하면서 우리의 밑바탕을 숨기지 않는다. 기도는 잠재적 도움이라는 최후의 수단을 조사하는 행위가 아니다. 모든 선택 가능한 방안을 조사하려고 하는 것은 이해할 수 있는 일이다. 이를테면 편지를 쓰거나 전화를 걸거나 경치 좋은 곳을 구경하러 가거나 면담을 하는 것이다. 우리는 누가 언제 어느 때 우리에게 쓸모가 있는지 알지 못한다. 물론 우리는 하나님과의 교제를 구한다. 기도는 배타적이다. 기도는 집중이다. 한 눈으로는 절호의 기회를 노리고, 다른 한 눈으로는 하나님을 곁눈질하는 것, 이것은 기도가 아니다. 기도는 영혼의 눈을 단 하나의 초점에, 곧 하나님께만 맞춘다.

내 영혼이 기다림은. 나의 의지보다 더 위대하고 더 지혜롭고 더 총명한 의지가 있다. 그래서 나는 기다린다. 기다림은 내가 신뢰하는 이, 나에게 무언가를 주는 이가 있음을 의미한다. 나의 의지는 중요하고 본질적이다. 하지만 그런 나의 의지도 더 중요하고 더 본질적인 의지를 찾는다. 나는 기다리면서 나의 내면보다 나의 바깥에 더 나은 실재가 있음을 깨닫고 자세를 가다듬어 실재에 반응한다. 기도를 시

너희 보물이 있는 곳에

작할 때에는 하나님의 의지를 조종하려고 하지만, 기도를 마칠 무렵에는 하나님의 의지에 이끌리는 자리에 거한다. 기도와는 무관한 기다림도 있다. 기회주의적 기다림, 모든 것이 잘 되어 내가 움켜잡을 수 있을 때까지 포식자처럼 잔뜩 움츠리고 기다리는 것이 그것이다. 이것은 새를 몰래 추적하는 고양이의 기다림이거나 정곡을 찌를 순간, 곧 효과적인 말을 내뱉을 순간을 조심스럽게 엿보는 사람의 기다림이다. 그런 것은 기도가 아니다. 기도 속에서 우리는 하나님이 활동하고 계심을 깨닫고, 다른 이들이 제자리에 있고 상황이 준비되고 나의 마음이 준비되었을 때 그분께서 나를 움직이신다는 사실도 깨닫는다. 기도하면서 기다리는 것은 하나님이 행동하시기 전에 행동하기를 거부하는 것이다. 기다림은 '충만한 때'를 야기하는 과정에 참여하는 행위다.

잠잠히. 기도하면서 침묵하는 것은 할 말이 바닥났을 때 발생하는 음성의 부재가 아니다. 수줍어서 아무 말도 못하는 당혹스러운 상태도 아니다. 적극적인 행위, 많은 열매를 낳는 행위다. 나의 말을 하나님께 꺼내기보다는 그분께서 나에게 하시는 말씀에 관심을 기울이는 행위다. 내 말을 하기보다는 하나님의 말씀 듣는 것을 더 좋아하는 것이다. 기도 속에서 이런 일이 먼저 일어나는 경우는 드물다. 마음의 짐을 덜기 위해 털어놓을 것이 많고 시급히 아뢰어야 할 것이 많기 때문이다. 우리는 그것들을 아뢴 다음 자리를 떠 친구들과 이야기하거나 볼일을 보거나 일상적인 업무를 처리하지 않는가? 기도할 때 말로 아뢰는 것이 아무리 중요해도 그것은 한쪽에 치우진 행위일 뿐이다. 침묵도 중요하다. 성경의 지시를 거부하는 자들의 기도를 듣는 것으로는 그 점을 알 수 없을 것이다.

어찌하여 세상은 이토록 시끄러울까? 어째서 우리는 이토록 많이 재잘거리는 걸까? 문명의 역사상 가장 값비싼 교육을 받은 이 사회 속에 언어 쓰레기가 이토록 빗발치는 이유는 뭘까? 어째서 우리는 그것을 참고만 있을까? 어째서 우리는 으름징을 놓는 라디오와 허세를 부리는 텔레비전을 끄고 침묵에 들지 않을까? 우리의 자기주장이 얼마나 쓸데없는지를 폭로하여 우리를 새롭게 만들어주는 말씀, 안락한 환상을 버리고 모험적인 신앙생활로 나아가라고 명령하는 말씀을 듣기 싫어서는 아닐까?

침묵은 경청의 선행조건이다. 침묵을 거부한다면, 우리의 말은 자신의 오그라든 자아를 부풀리는 것에 지나지 않을 것이다. 우리가 쉴 새 없이 떠들어대거나 다른 이들이 쉴 새 없이 떠들어대도록 내버려둔다면, 우리의 귀와 입은 진부한 표현과 상투어, 어리석은 수다와 과장된 횡설수설로 가득 찰 것이다. 침묵 속에서만 언어는 새로워진다. 인간의 목소리가 없는 곳에서라야 우리의 말에 형태와 의미를 부여하는 하나님의 말씀, 곧 로고스를 들을 수 있다.

## 역사와 희망

두 가지 이유가 이 주제를 뒷받침한다. 그 이유들은 상호보완적이

너희 보물이 있는 곳에

다. 첫째 이유는 "나의 구원이 그에게서만 나오기 때문이다"(1절). 둘째 이유는 "내 희망이 오직 하나님에게만 있기 때문이다"(5절). 첫째 이유는 과거(구원)가 현재에 삶을 준다고 이해하고, 둘째 이유는 미래(희망)가 현재를 구체화한다고 확신한다. 자기주장은 현대라는 가는 줄 위에서 비틀거리고 있다. 기도는 그 가는 줄이 지닌 시간의 폭을 넓혀 과거 및 미래와 친해지게 한다. 새로운 경험에 몰입하고 광고의 영향을 지나치게 받는 개인과 국가는 건강한 상태로 지내기 어렵다. 우리에게는 구원의 역사와 하나님나라에 대한 희망이 필요하다. 현재에 영향을 미치고 현재에 부피(깊이와 높이와 넓이)를 제공하는 과거와 미래가 필요하다. 기도가 없으면, 과거는 향수가 되고 미래는 환상이 되고 만다. 자기주장은 과거를 약탈하여 일시적으로 기분을 좋게 해주고 그럼으로써 과거의 특성을 해친다. 또한 자기주장은 미래를 게걸스레 저당잡아 즉각적인 즐거움에 지불하고, 그것이 미래 세대에 미치는 영향은 조금도 염두에 두지 않는다.


## 나는 결코 흔들리지 않는다

자기주장이라는 복음을 철저히 거부하는 또 다른 이유, 즉 자신의 주장을 세우시는 하나님을 존중하여 자기주장을 거부하는 이유는 다음과 같은 경험에서 이중으로 확인되는 조건 때문이다. "하나님만이 나의 반석, 나의 구원, 나의 요새이시니, 나는 결코 흔들리지 않는다"(2절). 반석, 요새, 구원이라는 세 명사가 하나님의 삼각형을 이룬다. 이 단어들은 자아의 토대(반석), 자아의 보호(요새), 자아의 온전함(구원)을 제공한다. 이 삼각형은 하나님이 일종의 환경과 같은 분이라고 단언한다. 말하자면 하나님은 환경처럼 자아를 에워싸시며 자유의 조건인 안정과 온전함과 활력을 베푸신다.

이런 환경에서 생활한 결과 자아는 다음의 사실을 전보다 더 강하게 깨닫는다. "나는 결코 흔들리지 않는다." 흔들리지 않는다는 표현은 시편 46편에서 최후 심판의 파국 속에서도 흔들리지 않는 하나님의 도시의 특성으로 사용한 것과 동일한 표현이다(5장을 참고하라). 자신을 부정하는 자아는 무기력하거나 허약한 자아가 아닌 것 같다. 자기주장의 거절은 보잘것없는 경건이 아니다. 자기주장의 거절에는 확고함과 힘을 의미하는 건강한 무언가가 자리하고 있다. 이와 달리, 자기주장은 결코 자기주장이 아니라 충동적인 주장임이 판명된다. 자아는 흥분, 오락, 만족, 보살핌, 안심, 보상, 도전, 탐닉을 원한다. 우리 근처에는 유혹과 설득으로 이 충동을 조종하고 매매하는 자들이 있다. 현대인의 자아는 사도들보다는 광고주들을 안내자로 삼는 것이 특징이다. 사실상 자기주장은 충동과 압박의 지배를 받는 생활방식을 완곡하게 표현한 것이다. 자아는 감정과 내분비계의 활동에 따라 내적으로 흔들리고, 풍조와 유행에 따라 외적으로도 흔들린다. 기도 훈련을 할 때라야 그러한 하찮은 것들에 흔들리지 않을 수 있다.

너희 보물이 있는 곳에

## 명민하고 냉정한 작업

이처럼 자기주장을 거절하는 것은 물론이고 자기주장의 세상에서 사태가 어찌 돌아가는지도 성찰해야 한다. 성찰은 명민하고 냉정한 작업이다. 성찰은 기도로 하여금 밀치고 빼앗는 약탈적 사회, 기도하지 않는 사회와 접촉을 유지하게 한다. 기도는 하나님과 우리의 관계를 키우는 행위에 국한된 것만은 아니기 때문이다. 성찰은 기도하지 않는 세상, 우리를 자기 틀에 우겨넣으려고 하는 세상을 있는 그대로 보는 관점을 유지하는 방법이기도 하다.

첫 번째 성찰(3-4절)은 이 세상에서 성공하라고 권유하는 사람들의 웃음 섞인 격려 이면에 근본적으로 어떤 동기가 자리하고 있는지를 식별해낸다.

기울어가는 담과도 같고
무너지는 돌담과도 같은 사람을,
너희가 죽이려고 다 함께 공격하니,
너희가 언제까지 그리하겠느냐?
너희가 그를 그 높은 자리에서 떨어뜨릴 궁리만 하고,
거짓말만 즐겨 하니,
입으로는 축복하지만 마음속으로는 저주를 퍼붓는구나.

이들은 우리에게 자기를 계발하고 최선을 다하고 기회를 최대한 이용하라고 말한다. 하지만 사실 그들은 우리에게 거짓말을 하고 있는 것이다. 그들은 자신들의 책략을 성공시키려고 이기심을 미끼 삼아 우리를 낚아챈다. 그들이 실제로 꾀하는 것은 따로 있다. 우리를 종으로 부려 자신의 권력욕과 지배욕을 채우는 것, 이것이 그들이 꾀하는 바다. "입으로는 축복하지만, 마음속으로는 저주를 퍼붓는구나"(4절), 그들은 온 세상이 우리 앞에 펼쳐져 있다는 말로 우리를 대단히 기분 좋게 해준다. 하지만 그들의 행동은 우리를 온갖 불안에 빠뜨려 우리의 인간성을 말살한다. 우리를 경제라는 줄의 조종을 받는 꼭두각시로 전락시키는 것이 그 불안이기 때문이다. 그들은 우리의 자아를 가차 없이 압박하여 우리를 자신이 마음껏 부릴 수 있는 곳에 둘 때까지 만족할 줄 모른다. "너희가 죽이려고 다 함께 공격하니, 너희가 언제까지 그리하겠느냐?"(3절)

두 번째 성찰(9-10절)은 사회를 다음과 같이 비꼬며 두 부류로 가르는 행위에 따끔한 경고를 보낸다. 늘 이기는 악한 사람과 늘 지는 선한 사람, 빼앗는 자와 빼앗기는 자.


신분이 낮은 사람도 입김에 지나지 아니하고,

신분이 높은 사람도 속임수에 지나지 아니하니,

그들을 모두 다 저울에 올려놓아도

입김보다 가벼울 것이다.


억압하는 힘을 의지하지 말고,

빼앗아서 무엇을 얻으려는 헛된 희망을 믿지 말며,
재물이 늘어나더라도 거기에 마음을 두지 말아라.

자기주장을 특징으로 하는 이 세상에는 다수의 경쟁과 갈등이 불가피하게 존재한다. 누구나 승자가 되거나 패자가 된다. 어떤 이는 부자가 되고, 어떤 이는 가난한 자가 된다. 어떤 이는 상을 휩쓸고 어떤 이는 허드렛일을 도맡는다. 이런 식의 세계관이 삶을 해석하도록 방치할 경우 우리가 할 일은 둘 중 하나일 것이다. 부자를 시샘하든가, 아니면 가난한 자를 딱하게 여기든가. 이 두 가지를 다 하는 이도 있다. 시샘하는 마음은 우리를 불평분자로 만들고, 우리를 이성적 존재에서 소비자로 변질시킨다. 딱하게 여기는 마음은 우리를 감상에 빠지게 하고, 우리를 이성적 존재에서 약자에 대한 동정을 과장되게 나타내는 사람으로 변질시킨다. 결국 우리는 두 부류 가운데 어느 한쪽과 자기를 동일시하고, 행운의 상태이든 불운의 상태이든 우리의 상태를 의미심장한 증거로 내세운다. 그러나 이러한 인간 해석은 비현실적일 정도로 피상적이다. "신분이 낮은 사람도 입김에 지나지 아니하고, 신분이 높은 사람도 속임수에 지나지 아니하니, 그들을 모두 다 저울에 올려놓아도 입김보다 가벼울 것이다."

전자 컴퓨터 저울은 정확한 이미지를 제공하지 않는다. 그러니 상상력을 발휘하여 고대 세계의 저울을 떠올려야 한다. 균형을 잡는 줏대의 가로장 양 끝에 저울판이 달려 있다. 쌀 500그램의 무게를 달고 싶은가? 한쪽 저울판에 500그램짜리 추를 올려놓아라. 그러면 그 저울판이 바닥으로 내려갈 것이다. 하지만 여러분이 다른 저울판에 쌀을 올려놓으면, 맞은편에 있는 추가 쌀이 놓인 저울판을 들어 올리고, 결국에는 두 저울판이 수평을 이루어 균형을 잡는다. 무엇이든 그런 식으로 무게를 달 수 있다. 물품과 균형을 잡을 추가 반드시 필요하다. 1온스짜리 추, 8온스짜리 추, 1파운드짜리 추, 5파운드짜리 추. 이로써 시편 작가의 그림을 다룰 준비가 된 것 같다. 한쪽 저울판에 '인간, 온전한 자아, 하나님의 형상'이라 표시된 추를 올려놓아라. 다른 쪽 저울판에는 우리가 잘 아는 부자들, 두둑한 지갑과 보안이 철저한 대여금고 소유자들을 올려놓아라. 어떤 일이 일어나는가? 아니나 다를까! 기대와 달리 부자들을 올려놓은 쪽이 올라간다. 그들에게는 무게라는 것이 전혀 없다. "신분이 높은 사람도 속임수에 지나지 아니한다." 이번에는 우리가 아는 사람들 가운데 가장 비참한 사람들, 차별대우를 받고 희생당한 이들을 생각해보라. 이 세상의 상과 재화를 박탈당하고 고난을 받으며 고귀해진 이들이야말로 진짜 사람들이다. 이들이야말로 가혹한 착취를 당하고 진정성을 획득한 사람들이다. 이들을 저울판에 올려놓아라. 무슨 일이 일어나는가? 아니나 다를까! "신분이 낮은 사람도 입김에 지나지 아니한다." 어떤 식이건 간에 자기주장은 쓸데없는 짓이다. 희생을 과시하는 것도 무의미한 짓이고, 전리품을 자랑하는 것도 무의미한 짓이다. 비참한 삶도 의미심장한 증거가 될 수 없고 성공한 삶도 의미심장한 증거가 될 수 없다. 희생자를 미화하는 것도, 승자를 과찬하는 것도 부적절한 짓이다. 하나님과 신뢰 관계를 맺고 하나님의 말씀으로 규정되고 그분 말씀의 요구

너희 보물이 있는 곳에

를 받고 그분의 권세에 참여할 때에만, 우리는 우리 자신이 될 수 있다. "백성아, 언제든지 그만을 의지하고, 그에게 너희 속마음을 털어놓아라"(8절).

침묵은 하나님의 말씀을 귀여겨들을 수 있게 해주고 이 세상 말의 실체, 즉 이 세상의 말이 내용과 설득력을 결여한 거짓말에 지나지 않음을 알게 해준다. 자기주장의 허세와 약속은 순전히 과대 선전에 지나지 않는다.


## 경합 포기

자기주장은 사회를 집단의 탐욕과 개인의 방종이 경합을 벌이는 곳으로 변질시킨다. 극단적인 행동은 정치 방침과 경제 정책의 제한과 제약을 받지만, 경합 자체는 승낙을 받는다. 이는 국기國技가 맹목적 존중을 받는 것과 같다. 그러나 경합을 포기한 이들도 상당수 있다. 기도하기 때문에 경합을 포기한 것이다. 그들이 기도하는 이유는 아래와 같다.

하나님께서 한 가지를 말씀하셨을 때에,
나는 두 가지를 배웠다.
'권세는 하나님의 것'이요,
'한결같은 사랑도 주님의 것'이라는 사실을.

주님, 주님께서는 각 사람에게 그가 행한 대로 갚아주십니다.

"권세는 하나님의 것이다!" 이는 경합자들을 미치게 하고 실망시키는 말이다. 경합자들은 그 말을 비애국적인 언사라고 생각한다. 경합 불참이 경합의 리듬을 깬다. 사회학자 피터 버거는 사람들이 역사에 협력하지 않을 때 발생히는 일의 광범위한 역사적 함의를 다음과 같이 설명한다. "사회를 변혁할 수 없거나 파괴할 수 없을 경우에는 사회에서 물러나 내면으로 들어가면 그만이다. 이탈은 노자 시대 이래로 사회 통제에 저항하는 방법이었고, 스토아 학파 철학자들이 저항 이론으로 삼은 것이기도 하다. … 인간이 가장 정교한 통제 체제를 교묘히 피하고 뒤엎음으로써 발휘하는 창의력이야말로 사회학의 침체를 해결할 참신한 대책이다."[2]

모든 기도 행위는 우리를 자기주장의 기어와 도르래에서 이탈시키고 국가가 광기에 사로잡히지 못하게 막는다. 공간과 침묵이 구비되어야 그 속에서 온전함이 싹터 자랄 수 있다.

자기주장을 포기하는 것을 가리키는 옛 명칭인 겸손만큼 오늘날 미국에서 가장 적게 추구되는 덕목도 없는 것 같다. 대체로 겸손은 무시당하는 덕목이다. 기껏해야 세상사에 소질이 없는 소심한 신자들 사이에서나 통할 법한 생색내기로 간주된다. 그러나 지난 수세기 동안 겸손은 대부분의 사람이 실천에 옮긴 것은 아니지만, 여러 덕목 가운데 찬사를 가장 많이 받은 덕목이다. 세인들이 지혜롭다고 여긴 다수의 현인이 잘못된 것일까?

우리의 선조들은 겸손을 유연하고 탄력적이고 강인한 인간 정신으로 여겼다. 그들은 겸손이 어려운 덕목이라는 것을 알고 있었다. 그들은 겸손을 기리고 주장하는 사람들마저 실제로는 겸손을 파괴하는 자들이었다는 사실을 알고 있었다. 영국의 추기경 존 헨리 뉴먼은 그 주제를 신랄히 비꼰다. "겸손을 가장하여 허리를 굽히되 확고한 자기 자리에서 내려올 생각이 눈곱만큼도 없으면서 그저 허리만 굽히는 사람이 있다. 우월감을 가지고 마치 아랫사람에게 은혜를 베푸는 태도로 자신을 낮추는 윗사람의 행동이 대표적인 예다." 이어서 그는 이렇게 비평한다. "겸손은 여러 덕목 중에서 도달하거나 검증하기가 가장 힘든 덕목이다. 겸손은 마음에 숨어 있어서 겸손을 검증하는 것은 대단히 어렵고 힘든 작업이다. 가짜 겸손이 널려 있다."[3]

그러나 요즘은 겸손한 체하는 모습조차 사라져버렸다. 우리는 자기주장을 훈련하는 연수회에 참석하거나 목표 관리 세미나에 등록한다. 또한 사회에 영향을 미칠 수 있다고 약속하는 기술의 포격을 받는다. 그러한 기술은 거의 모두 교만을 부추긴다.

정면 공격에 착수하는 것은 상책이 아닌 것 같다. 그러나 우리는 시편 62편의 기도를 통해서 적의 측면을 공격하고 명랑하고 즐거운 생활을 실행에 옮기는 한편, 주제넘게 나서는 자들이 자신들의 약점을 감추려고 끌어다 쓰는 허세를 부리지 않을 수 있다. 주제넘게 나서지 않는 것은 영국의 소설가 D. H. 로렌스가 완강히 거부한 태도, 곧 겉으로만 삼가는 태도와 무관하다.[4] 그것은 활기차고, 확신에 차 있고, 기민하고, 느긋하다. 문제는 일의 성사 여부가 아니라, 일을 성사시키는 이가 하나님이냐 아니면 나 자신이냐다.

국가를 위해서는 어느 것이 나을까? 2억 명의 시민에게 (탐욕과 야망을 의미하는) 자기주장을 권할 것인가? 아니면, 하나님이 무수한 가시적 방법과 비가시적 방법으로 더 나은 의지를 주장하시면서 경제와 사회와 문화 등 온갖 분야에서 종합적으로 구원을 완수하고 계신다고 믿고, '권세는 하나님의 것'이니 우리 자신을 그 의지의 처분에 맡길 것인가? 기도는 자기주장과 겸손한 삶의 틈을 가로질러 다리를 놓는 행위다. 겸손한 삶은 내가 나의 생각을 말하거나 세상을 개선하기 위해 할 수 있는 일을 알아내기보다는 하나님이 하고 계신 일에 더 관심을 기울이고, 하나님이 수행하고 계신 일에 흥분하는 것이다. 그러한 행위야말로 눈에 띄지 않으면서도 공익에 이바지하는 주요한 길이다.

너희 보물이 있는 곳에

## 7

자기 연민이라는 세균

—

내가 하나님께 소리 높여 부르짖습니다.
부르짖는 이 소리를 들으시고, 나에게 귀를 기울여주십시오.
내가 고난당할 때에, 나는 주님을 찾았습니다.
밤새도록 두 손 치켜들고 기도를 올리면서,
내 마음은 위로를 받기조차 마다하였습니다.

내가 하나님을 생각하면서, 한숨을 짓습니다.
주님 생각에 골몰하면서, 내 마음이 약해집니다. (셀라)

주님께서 나를 뜬눈으로 밤을 지새우게 하시니,
내가 지쳐서 말할 힘도 없습니다.
내가 옛날 곧 흘러간 세월을 회상하며
밤에 부르던 내 노래를 생각하면서,
생각에 깊이 잠길 때에,
내 영혼이 속으로 묻기를
"주님께서 나를 영원히 버리시는 것일까?
다시는, 은혜를 베풀지 않으시는 것일까?

한결같은 그분의 사랑도 이제는 끊기는 것일까?

그분의 약속도 이제는 영원히 끝나버린 것일까?

하나님께서 은혜를 베푸시는 일을 잊으신 것일까?

그의 노여움이 그의 긍휼을 거두어들이신 것일까?" 하였습니다. (셀라)

그때에 나는 또 이르기를

"가장 높으신 분께서 그 오른손으로 일하시던 때,

나는 그때를 사모합니다" 하였습니다.


주님께서 하신 일을, 나는 회상하렵니다.

그 옛날에 주님께서 이루신, 놀라운 그 일들을 기억하렵니다.

주님께서 해주신 모든 일을 하나하나 되뇌고,

주님께서 이루신 그 크신 일들을 깊이깊이 되새기겠습니다.


하나님, 주님의 길은 거룩합니다.

하나님만큼 위대하신 신이 누구입니까?

주님은 기적을 행하시는 하나님이시니,

주님께서는 주님의 능력을 만방에 알리셨습니다.

—

주님의 백성 곧 야곱과 요셉의 자손을
주님의 팔로 속량하셨습니다. (셀라)

하나님, 물들이 주님을 뵈었습니다.
물들이 주님을 뵈었을 때에, 두려워서 떨었습니다.
바다 속 깊은 물도 무서워서 떨었습니다.
구름이 물을 쏟아 내고,
하늘이 천둥소리를 내니,
주님의 화살이 사방으로 날아다닙니다.
주님의 천둥소리가 회오리바람과 함께 나며,
주님의 번개들이 번쩍번쩍 세계를 비출 때에,
땅이 뒤흔들리고 떨었습니다.
주님의 길은 바다에도 있고,
주님의 길은 큰 바다에도 있지만,
아무도 주님의 발자취를 헤아릴 수 없습니다.
주님께서는, 주님의 백성을 양 떼처럼,
모세와 아론의 손으로 인도하셨습니다.

우리는 질병을 찬양하지 않고 치유를 찬양한다.[1]

**나지안주스의 그레고리우스**

연민이 인간에게 유용한 가장 고귀한 감정 가운데 하나라면, 자기 연민은 가장 한심한 감정인 것 같다. 다른 이의 아픔에 공감하여 그 아픔을 덜어주려고 무언가를 행하는 능력이 연민이라면, 자기 연민은 우리의 현실 인식을 심각하게 왜곡하는 무능력이자 정서적 절름발이병이다. 연민이 다른 이들 속에서 사랑과 치유에 대한 갈망을 발견하고 말과 행동으로 힘을 주는 반면, 자기 연민은 우주를 개인의 상처로 축소시키고 이 상처를 중대한 증거로 제시한다. 연민이 자비를 베풀게 하는 아드레날린이라면, 자기 연민은 그 중독자들을 중독 상태와 낙오 상태로 방치하는 마취제다.

이 둘의 차이는 명백하다. 가정, 직장, 공장, 학교, 운동장 등 어느 곳에서나 그 차이를 입증할 수 있다. 연민은 매력적이고 자기 연민은 꼴사납다. 이는 의문의 여지가 없는 사실이다. 그러나 우리가 살고 있는 사회는 자기 연민이 연민보다 훨씬 많은 사회다. 유명인의 자서전은 대단히 통속적인 문학 양식이다. 그런 자서전이 자기 연민의 주관

주의로 우리를 에워싸고 있다. 이는 우리가 역사상 자기 연민에 가장 많이 몰두하는 대중임을 보여주는 달갑지 않은 증거다. 자신을 딱하게 여기는 것이 예술의 한 형식으로 발전한 것이다. 좀 더 지혜로운 세대들이 비웃고 신랄하게 비꼬던 넋두리와 우는 소리가 우리 가운데서 베스트셀러의 지위를 얻은 것이다.

상처 입은 상상력에 풍부한 소재를 공급하여 과장된 자기 연민의 통속극을 만들어내게 할 만큼 인생에는 불의한 일과 실망스러운 일, 불공정한 일과 고통스러운 일이 넘쳐난다. 유명인들이 자신들의 자기 연민을 공표하여 자극하고 자기 연민에 빠진 문화가 이를 허용하는 까닭에 자기 연민의 습관화가 쉽게 이루어지고 있다.

건강한 상태에서라면 치유의 행위, 해방의 행위, 계몽의 행위를 유발할 에너지를 자아라는 모래밭에 쏟아붓는 것이야말로 자기 연민이 사회에 끼치는 주된 폐해가 아닐 수 없다. 사회를 치유하는 데 필요한 자비는 급기야 유독가스, 영혼에 들러붙은 꼴사나운 얼룩이 되고 만다.

자기 연민은 거의 언제나 다음과 같이 정확한 사실들과 관계가 있다. 저 사람의 자동차가 내 자동차보다 더 좋다, 저 여자의 남편이 내 남편보다 더 사려 깊다, 저 사람의 소화기가 내 소화기보다 더 건강하다, 덜 유능한 저 사람이 나보다 더 나은 자리에 승진했다. 이는 논쟁의 여지가 없이 분명한 사실이다. 불쾌한 비교에서 폐해가 은밀히 시작된다. 나는 자신에 관한 어떤 사실을 알게 되면, 그것을 다른 이의 것과 비교하곤 한다. 이렇게 해서 얻은 지식은 성장을 위한 자

너희 보물이 있는 곳에

극제가 되거나 다른 이를 축복하는 계기가 되기도 하지만, 대개는 질투를 유발한다. 불평등하고 불공평한 무언가가 있음을 깨닫는다. 다른 사람이 더 부유하고, 더 잘생기고, 더 유복하고, 급료도 더 많이 받는 것처럼 보인다. 사기를 당했다는 느낌이 든다. 자기 연민이라는 세균에 옮는 순간, 자아의 가장 심한 질병 가운데 하나에 걸린다. 자기연민은 바이러스성 불행이다. 우리는 자기 연민이라는 전염병에 걸려 있다. 그것을 치료하려면 어찌해야 할까?

치료법은 잘 알려져 있지만, 제대로 실행되지는 않고 있다. 쉽게 말하면, 기도가 그 치료법이다. 기도는 끊임없이 자기 연민을 건드릴만큼 민감하지만, 자기 연민에 흡수 동화되지 않을 만큼 강한 활동이다. 자기 연민은 종종 기도하고 싶은 초기의 충동을 불러일으킨다. 우리는 스스로를 가엾게 여기고 하나님은 가엾게 여기시는 분으로 널리 알려져 있다. "부모가 자식을 가엾게 여기듯이, 주님께서는 주님을 두려워하는 사람을 가엾게 여기신다." 이런 까닭에 우리를 가엾게여기는 일에 그분을 참여시킨다. 그러나 꼭 그리 되는 것만은 아니다. 기도 속에서 우리의 자기 연민이 훨씬 강하고 훨씬 건강한 에너지와마주쳐 스스로 변화되기 때문이다.

시편 77편은 감상적인 자기 연민이 기도 속에서 이기심을 끊는과정을 담은 기도문이다. 이 시편은 거의 대등하면서도 대조적인 두부분, 곧 1-10절과 11-20절로 나뉜다. 첫째 부분은 영락없고 완고한자기 연민이다. 둘째 부분은 강력하고 은혜가 넘쳐흐르는 긍휼이다.이 긍휼은 연민이지만, 철저히 이기심을 버린 연민이다.

# 자아의 횡포

이 시편의 전반부에는 자기 연민의 온갖 전형적이고 시시한 요소가 나열되어 있다. 예컨대, 자기 연민은 엄청나게 과장하는 성향이 있다. 1절은 탄식의 히스테리를 나타낸다. "내가 하나님께 소리 높여 부르짖습니다. 부르짖는 이 소리를 들으시고, 나에게 귀를 기울여주십시오."(히브리어 원문에서 가장 먼저 눈에 띄는) '소리 높여'라는 표현은 곧바로 '내가 고난당할 때'라는 표현에 초점을 맞춘다. "내 마음은 위로를 받기조차 마다하였습니다." 어째서 위로를 마다할까? 여기에서 탄식의 감추어진 문제가 드러난다. 즉, 불행을 이용하여 자아의 횡포를 옹호하는 것이다. 내가 아프니 당신은 나를 주목해야 한다는 것이다. 큰 소리로 그리고 극적으로 표현된 나의 고통이 나에 대한 주목을 요구한다. 정신과 의사 해리 스택 설리번은 그런 사람들의 현저한 특징을 다음과 같이 꼬집는다. "백합은 도무지 만족을 모른다. 그것은 얼마쯤 특별한 찬사를 끊임없이 받으려 한다."[2] "한숨을 짓습니다"라는 결과가 나오는 것에서 알 수 있듯이, 하나님을 생각하지만, 아주 오래 생각하지는 않는다. 하나님은 종교적인 방법으로 그리고 정당화된 방법으로 우리 자신을 가엾게 여기기 위해 위선적으로 끌어대는 구실이 되고 만다.

자기 연민은 남을 탓한다. 모든 것을 빨아들이는 고통은 잠 잘 시간도 주지 않는다. 시인은 곧바로 이 불면증을 하나님의 탓으로 돌린다. "주님께서 나를 뜬눈으로 밤을 지새우게 하시니"(4절). '뜬눈'으

너희 보물이 있는 곳에

로 번역된 단어는 성경을 통틀어 이곳에서만 눈에 띄는데, '망보기'나 '불침번'을 의미한다. 그럴 경우 은유는 훨씬 뚜렷해진다. "당신께서 나의 두 눈을 붙잡고 망을 보게 하시니."[3] 목축을 하는 사람들은 자기 양떼를 지키기 위해 밤새 파수꾼을 세웠다. 양치기들은 세 시간에 한 번꼴로 교대하면서 파수를 보았다. 밤새 한잠도 못 자는 이가 없었다. 그런 이가 있었다면, 누군가 강제로 그의 눈꺼풀을 붙잡아 벌리고 있었기 때문일 것이다. 바꾸어 말하면, 나의 불면증은 하나님 탓이라는 것이다. 이는 자기 연민에 빠진 자들에게서 재발하는 특성이다. 나의 고통은 누군가 다른 사람 탓이고, 대개는 하나님 탓이라는 것이다.

자기 연민은 과거를 회상하는 데 몰두한다. "내가 옛날 곧 흘러간 세월을 회상하며"(5절). 잔디는 50년 전에 더 푸르렀고, 앞선 세대가 우리 세대보다 더 힘차고 고결하고 공정했다. 거의 모든 이가 지금보다는 예전의 사정이 더 나았다고 인정한다. 그러나 그 옛 시절이 언제인지에 대해서는 의견을 같이하는 이가 없다. 저널리스트 러셀 베이커는 다음과 같이 우리의 허세에 도전한다. "일반적으로 옛 시절을 동경하지만, 옛 시절을 더 좋아하는 사람 100명 가운데 99명은 자동차를 가져갈 수 없다면 옛 시절로 돌아갈 생각을 꿈에도 하지 않을 것이다."[4] 자기 연민, 곧 초라한 역사가가 과거를 생각하고 회상하는 것은 현재의 불의를 조장하고 그 불의를 바로잡지 않기 위해서일 뿐이다.

자기 연민은 병적으로 내면을 살핀다. "밤에 부르던 내 노래를 생각하면서, 생각에 깊이 잠길 때에, 내 영혼이 속으로 묻기를"(6절). 건강한 자기 인식이 있고 건강한 자기 관찰도 있다. 자기를 망각하고 내면생활에 주의를 기울이지 않는 것은 덕이 아니다. 그러나 내성內省이 유익하고 건강해지려면 훈련과 지도가 필요하다. 그렇지 않으면 내성은 길을 잃고 자기 연민의 늪에 빠지고 만다. 자신을 깊이 생각하는 자아는 공기도 없고 산소도 없는 방 안에 있는 것과 같다. 거기에 너무 오래 머무르며 자신의 가스를 호흡하는 자아는 병들게 마련이다.

자기 연민은 신학적으로 무지하다. "주님께서 나를 영원히 버리시는 것일까? 다시는, 은혜를 베풀지 않으시는 것일까?"(7절) 이 질문을 기점으로 일련의 질문, 곧 다섯 개의 질문이 시작되어 정점에 이른다. 이 질문들은 하나님과 관련된 질문이긴 하지만, 하나님께 던진 질문이 아니다. 이 질문들은 세상 사람, 곧 그것들의 자명한 사실이 옳음을 증명해줄 것이라고 기대되는 세상 사람에게 던진 수사학적 질문이다. 수사학적 질문은 동의를 당연한 것으로 여긴다. 증거가 너무나 명백하여 분별 있는 사람이라면 전혀 이의를 제기하지 않을 것이다. 다섯 개의 수사학적 질문을 평서문으로 고치면 다음과 같다. (1)주께서 나를 영원히 버리시고 다시는 은혜를 베풀지 않으실 것이다. (2)한결같은 그분의 사랑도 이제는 끊겼다. (3)그분의 약속도 이제 영원히 끝나버렸다. (4)하나님께서 은혜를 베푸시는 일을 잊으셨다. (5)하나님께서 화가 나셔서 긍휼을 거두셨다.

버리시는 하나님, 지친 하나님, 인색한 하나님, 잘 잊는 하나님, 화를 내는 하나님. 하나님에 관해 성경에 계시된 일급 지식을 갖춘 사

너희 보물이 있는 곳에

람, 수세기의 구원사를 알고 있는 사람이라면 저 문장들에 찬성할 수 있을까? 저 문장들은 계시나 관찰에 의거한 것이 아니라 자기 연민을 토대로 꾸며낸 것이다. "아무도 나에게 마음을 쓰지 않아. 나는 너무 늦게 태어나서 약속을 받을 수 없어. 나는 무시를 당했어. 아무도 나를 가엾게 여기지 않아." 이 하찮은 감정들은 다음과 같은 우주적 선언으로까지 확대된다. "주님께서 나를 영원히 버리셨다."

자기 연민의 냄새를 물씬 풍기는 저 질문들은 무지와 진부함이 쌍벽을 이루는 결론을 내린다. "가장 높으신 분께서 그 오른손으로 일하시던 때, 나는 그때를 사모합니다"(10절). 하나님이 상냥하시고 자비로우시고 친절하신 분이라고 누가 말하는가. 한때는 그런 분이 었을지 모르나 지금은 더 이상 그런 분이 아니다. 내가 그 증거다. 보다시피 나의 처지야말로 하나님이 상냥한 분이 아니라는 증거다. 그렇지 않다면 어째서 내가 이토록 비참하겠는가. 나의 슬픔은 하나님이 나를 사랑하지 않는다는 나름의 신학적 근거를 가지고 있다.

## 은총의 확대

이 상황을 더는 참고 견디지 못하겠다고 생각하는 바로 그 순간, 변화와 전환이 일어나고, 우리는 갑자기 전혀 다른 세계에 있게 된다. 기도 속에서 그런 일들이 일어난다. 그것들은 외견상의 변화 없이 일어난다. 한때 자기 연민의 늪지에 빠져 허우적거리던 사람이 이제는

두 발을 산맥에 단단히 딛고서 구원의 경이에 경탄한다. 중심 문장은
아래와 같다.

주님께서 하신 일을, 나는 회상하렵니다.
그 옛날에 주님께서 이루신, 놀라운 그 일들을 기억하렵니다.
주님께서 해주신 모든 일을 하나하나 되뇌고,
주님께서 이루신 그 크신 일들을 깊이깊이 되새기겠습니다.

주목注目을 표현하기 위해 네 개의 동사가 사용되고 있다. 회상하
다, 기억하다, 되뇌다, 되새기다. 주목의 대상인 명사구도 네 개가 사
용되고 있다. 주님께서 하신 일, 그 옛날에 주님께서 이루신 놀라운
그 일들, 주님께서 해주신 모든 일, 주님께서 이루신 그 크신 일들. 인
상적인 것은 이 네 개의 동사가 이미 이 시편의 전반부에서 사용되었
다는 것이다(생각하면서, 골몰하면서, 회상하며, 생각에 깊이 잠길 때에). 그러
나 명사구는 새로운 것들이다. 변화는 묵상 방법을 배울 때가 아니라
묵상의 대상이 누구인지를 알 때에 일어난다. 묵상이 부족한 때도 없
었고, 마음과 정신의 방향을 내면으로, 삶의 표면 아래로 돌리지 않았
던 때도 없었다. 이 시편의 전반부도 묵상에 잠기기는 하지만, 그때의
묵상은 대상이 불분명하거나(3절), 과거를 동경하는 것이거나(5절), 자
기에게 골몰하는(6절) 것일 뿐이다. 그것은 상처 입은 자아에 대한 묵
상일 뿐이다. 그러나 묵상이 '나의 고통'에서 '당신께서 하신 모든 일'
로 옮겨가는 순간, 커다란 변화가 일어난다.

너희 보물이 있는 곳에

기도 속에서 인식의 발전이 일어난다. 우리가 실망하거나 상처를 입거나 좌절하거나 격분할 때 의식하는 것보다 훨씬 많은 일이 이 세상에서 일어나고 있다. 하나님의 활동이라는 배경을 빼놓고는 중요하고 현실적인 어느 한 순간에 우리가 갖게 되는 감정을 정확히 해석할 길이 없다. 묵상은 인식과 지각의 강화라고 할 수 있다. 묵상의 초점을 자기 연민의 감정에, 즉 고립된 자아에 맞추면 고통만 가중될 뿐이다. 그러나 묵상의 초점을 자아 안에 계신 하나님, 역사 속에 계신 하나님, 창조 세계 안에 계신 하나님께 맞추면, 은총의 확대가 이루어진다. "하나님, 주님의 길은 거룩합니다"(13절). 기적을 행하시고, 능력을 만방에 알리시고, 백성을 속량하시는 하나님이(14-15절) 지평선에 떠오른다. 내가 사는 세계는 창조, 계시, 구속의 지배를 받는 세계다. 나의 감정은 하나님의 활동이라는 배경 속에서만 제자리를 찾을 수 있고, 정확하게 해석되고 평가될 수 있다. 애니 딜라드는 '주님께서 해주신 모든 일'을 놓고 비할 데 없이 폭넓게 묵상한 책 《팅커 샛강 순례Pilgrim at Tinker Creek》에서 그 결과를 이렇게 제시한다. "빌리 브레이처럼 나도 나의 길을 간다. 나의 왼발은 '영광'이라고 말하고 나의 오른발은 '아멘'이라고 말한다. 섀도우 샛강을 드나들고, 상류와 하류를 오르내리고, 한 쌍의 은빛 트럼펫이 내는 찬미 소리에 맞추어 몹시 기뻐하고 멍하니 춤을 춘다."5

## 구원을 노래하기

시인은 이 광범위한 개관을 토대로 한 사건을 선정하여 고찰한다. 다름 아닌 이집트 탈출이다(16-19절). 이 사건은 자연과 초자연, 땅과 하늘, 개인과 민족이 하나의 구속 행위 속에 버무려진 사건이다. 시인은 그 사건을 청각적으로, 시각적으로, 동적으로 떠올린다. 큰 소리와 번쩍이는 빛을 리듬에 맞게 배치하여 우리를 외경 가득한 찬양으로 이끈다. 우리는 소용돌이처럼 내면을 파고드는 자기 연민의 둥근 홈에서 벗어나 찬양의 행렬, 곧 하나님의 구원의 길로 들어선다.

하나님, 물들이 주님을 뵈었습니다.
물들이 주님을 뵈었을 때에, 두려워서 떨었습니다.
바다 속 깊은 물도 무서워서 떨었습니다.
구름이 물을 쏟아내고,
하늘이 천둥소리를 내니,
주님의 화살이 사방으로 날아다닙니다.
주님의 천둥소리가 회오리바람과 함께 나며,
주님의 번개들이 번쩍번쩍 세계를 비출 때에,
땅이 뒤흔들리고 떨었습니다.
주님의 길은 바다에도 있고,
주님의 길은 큰 바다에도 있지만,
아무도 주님의 발자취를 헤아릴 수 없습니다.

너희 보물이 있는 곳에

이 지점에서 기도의 리듬이 바뀐다. 이전까지는 시의 대부분이 2행 1연의 형식으로 배열되었지만, 이제는 각각의 연이 무용담처럼 장중하게 3행으로 구성된다. 완전협화음이 이루어지고 창세기 1장의 저음低音이 형상화되어 구원에 우주적 차원을 부여한다. 구원을 노래하는 이 문장들 속에는 하나님이 아름다운 창조를 수행하시기 이전의 축축한 혼돈이 반영되어 있다. 우리가 살고 있는 세계(창조)와 우리 안에 살아 있는 세계(구원)는 모두 하나님이 만드신 것이다. 그러한 능력자께서 모양이 없고 축축한 자기 연민을 외면하시겠는가?

그 사건이 일어났다는 것을 누구나 알고 있다. 이스라엘의 존재 자체가 그 사건의 증거다. 하지만 그 사건이 어떻게 일어났는지는 아는 이가 없다. "아무도 주님의 발자취를 헤아릴 수 없습니다"(19절). 깊은 바다에 새겨진 발자국은 결코 흔적을 남기지 않는다. 우리는 구원의 결과로 살고 있지만, 구원을 일으키신 분은 눈에 보이지 않는다. 구원이 일어났다는 명백하고 분명한 증거는 존재하지 않는다. 그러나 나의 존재 자체와 위대하고 거룩하고 경이로운 모든 것의 존재는 구원이 일어났다는 증거가 아닐 수 없다.


## 손의 이미지


이 시편의 처음 부분과 끝 부분에 거듭 등장하면서 우리가 스스로에 대해 느끼는 연민과 하나님이 세상에 대해 느끼시는 연민의 외적인 유사점과 실제적인 차이점을 보여주는 단어가 하나 있다. 다름 아닌 손이라는 단어다.

손의 첫 번째 용법은 나의 느낌을 나타내는 주관적인 용법이다. "내가 고난당할 때에, 나는 주님을 찾았습니다. 밤새도록 두 손 치켜들고 기도를 올리면서, 내 마음은 위로를 받기조차 마다히였습니다"(2절). 히브리어 원문은 번역문이 가리키는 것보다 훨씬 투박하다. "나의 손이 어둠 속으로 달려듭니다." 손과 달려듦의 동시성은 희극적이다. 그것은 인상적인 만화처럼 어둠 속으로 달려들어 도움을 구하는 손의 이미지를 형상화한다. 하지만 다른 이미지도 가능하다. 히브리어에서 손은 다양한 방식의 은유로 사용된다. 문맥에 맞는 은유적 용법이 여기 있다. 손은 욥기 23장 2절에서처럼 '상처'를 의미할 수 있다. 그때의 이미지는 그리스 신화에 등장하는 불운한 필록테테스처럼 고름이 흐르는 종기, 곪으면서 악취를 풍기는 상처, 고립시키는 상처, 누구도 상대하려 하지 않는 상처일 수 있다. 이 상처(이 시편의 경우에는 악취 나는 자기 연민)가 있는 그대로 처치되기 전에는 구원이 이루어질 수 없다.

손의 마지막 용법은 객관적이다. "주님께서는, 주님의 백성을 양 떼처럼, 모세와 아론의 손으로 인도하셨습니다"(20절). 이 손은 우리가 예상한 것과는 다른 손이다. 2절에서 손을 뻗었으니, 마지막 절에 이를 무렵에는 누군가가 그 손을 잡아줄 것이라고 다들 예상할 것이다. 혹은 고름이 흐르는 상처로 시작했으니, 치료로 끝날 것이라고 예상할 것이다. 그러나 우리가 얻는 것은 그런 게 아니다. 자기 연민은

너희 보물이 있는 곳에

전능하신 분으로부터 양보를 얻어내기 위한 압박 수단이 아니다. 그렇기는커녕 자기 연민은 하나님께서 우리의 자연발생적인 고통 속에서 활동하시며 자신이 기뻐하시는 일을 일으키시려고 활용하시는 기회일 뿐이다.

자기 연민 속에서 뻗은 손에 모세와 아론의 손이 응수한다. 모세와 아론의 손은 백성을 고통으로부터 보호하지 않고 고통 한가운데에서 그들을 단련시킨다. 그들의 손은 백성의 손을 붙잡지도, 그들이 이집트에서 누리던 가정생활과 안전을 잃어버린 것에 대해 동정하지도 않는다. 모세와 아론은 자신들의 손으로 백성을 거친 사막으로 인도한다. (주님의 '팔'로) 속량이 이미 이루어졌으니(15절), 이제는 믿음생활을 배우고 긍휼의 삶을 기를 때다. 이 일은 상처와 고통 한가운데에서만 이루어진다. 상처와 고통 한가운데에서 터득한 지혜는 자기 연민과는 거리가 멀다. 하나님은 자기 연민에 빠진 우리의 요구에 응답하시지 않고, 이기심을 끊고자 하는 우리의 마음에 응답하신다. 하나님은 우리의 삶에 개입하시고 예언자와 제사장을 임명하시어 우리를 유혹과 시험의 광야로 이끌게도 하시고, 그 광야를 통과하게도 하신다. 그제야 우리는 섭리의 여러 길을 배우고 은총의 여러 수단을 발견한다. 믿음으로 사는 이들에게는 길고 험난한 40년, 곧 자비로 특징지어지고 은총의 인도를 받는 40년이 여정의 한창때를 의미한다. 우리가 개인의 윤리와 사회적 책임을 배우는 것은 그 여정을 통해서다. 하나님은 공동체를 세우고 예배에 참석하고 악에 맞서라고 구원을 베푸신다.

# 알맞은 곳

막다른 곳에 다다르는 것이 자기 연민이긴 하지만, 기도는 그것을 금하지 않는다. 모든 곳이 기도를 시작하기에 알맞은 곳이다. 그러나 우리는 시작할 때와 전혀 다른 어떤 곳에서 끝나게 되더라도 두려워해서는 안 된다. 시편 기자는 자기를 가엾게 여기는 것으로 기도를 시작하여 건방지기 그지없는 질문들을 던지다가, 마침내 권능과 은총을 선포하는 옛 노래를 부르며 기도를 마친다.

우리는 우리의 상처 입은 인간성을 묵상하면서 무의식적으로 하나님의 이름을 우리의 묵상에 끌어들인다. 그러다가 우리의 상상력은 두려워 떠는 물과 벌벌 떠는 바다 속 깊은 곳, 요란한 천둥을 보이지 않게 지나가시면서 번개의 조명을 받아 흔들리는 세계를 짓밟으시는 하나님, 백성을 속량하시고 양떼처럼 인도하시는 하나님 때문에 고무된다.

우리는 병적인 내성內省에서 벗어나 물을 쏟아내며 번개를 던지는 구름을 바라보고, 하나님께서 곤경에 처한 백성을 위해 활동하시는 것을 본다. 자기 연민을 억누르거나 그 부르짖음을 멎게 하지 않고 오히려 자기 연민을 하나님께 바칠 때, 우리는 우리의 흐느낌을 하나님이 활동하시는 천둥 속에 쌓고 하나님의 권능을 묵상하고 마음을 새롭게 하고 긍휼을 부추기는 하나님의 도우심에 참여하게 된다. 지쳐서 "하나님을 생각하면서 한숨을 짓습니다"라고 기도하던 사람이 이제는 다음과 같이 상쾌하게 기도하는 사람이 된다. "주님께서 해주

너희 보물이 있는 곳에

신 모든 일을 하나하나 되뇌고, 주님께서 이루신 그 크신 일들을 깊이깊이 되새기겠습니다. 하나님, 주님의 길은 거룩합니다. 하나님만큼 위대하신 신이 누구입니까?"

Where
Your
Treasure
Is

8

심정적 무신론

—

어리석은 사람은 마음속으로 "하나님이 없다" 하는구나.
그들은 한결같이 썩어서 더러우니,
바른 일을 하는 사람이 아무도 없구나.

주님께서는 하늘에서 사람을
굽어보시면서,
지혜로운 사람이 있는지,
하나님을 찾는 사람이 있는지를, 살펴보신다.

너희 모두는 다른 길로 빗나가서
하나같이 썩었으니,
착한 일을 하는 사람이 하나도 없구나.

죄악을 행하는 자는 다 무지한 자냐?
그들이 밥 먹듯이 내 백성을 먹으면서,
나 주를 부르지 않는구나.

—

하나님이 의인의 편이시니,
행악자가 크게 두려워한다.
행악자는 가난한 사람의 계획을 늘 좌절시키지만,
주님은 가난한 사람을 보호하신다.

하나님, 시온에서 나오셔서,
이스라엘을 구원하여주십시오!
주님께서 당신의 백성을 그들의 땅으로 되돌려보내실 때에,
야곱은 기뻐하고, 이스라엘은 즐거워할 것이다.

자아라는 황금빛 사과가 거짓 신들 사이에 던져졌다. 그 신들이 그것을 거머쥐려고 다투는 바람에, 그 사과는 불화의 사과가 되고 말았다. 그 신들은 거룩한 경기의 제일 규칙, 즉 모든 선수는 반드시 공에 손을 대자마자 곧바로 넘겨주어야 한다는 규칙을 알지 못했다. 공을 손에 쥐고 있는 것이 발각되면 반칙이고, 공을 붙잡고 늘어지면 죽음이다. 그러나 눈이 따라잡지 못할 정도로 공이 선수들 사이에서 재빨리 이리저리 날아다니면, 대주재께서 몸소 그 잔치를 주도하시며, 자신의 피조물들에게 자신을 영원히 내어주시며, 말씀이신 분을 낳으시고, 말씀이신 분을 희생시킨 다음 자신에게 돌아가실 것이다. 그러면 참으로 영원한 춤이 "하늘마저 조화로이 좋게 할 것이다."[1]

**C. S. 루이스**

무신론자가 언제나 적이기만 한 것은 아니다. 무신론자도 그리스도인의 좋은 친구가 될 수 있다. 예컨대 항의의 표시로 무신론을 키우는 이들이 그러하다. 그들은 세상의 잘못된 부분을 보고 화가 나서 격렬히 저항한다. 선한 하나님이 장애아가 태어나도록 내버려두시고, 사랑 많은 하나님이 성폭행과 고문이 일어나게 내버려두시고, 주권

너희 보물이 있는 곳에

자인 하나님이 칭기즈칸이나 히틀러의 잔인한 통치가 갈 데까지 가도록 내버려두시다니, 이 이상한 역설을 무턱대고 지지할 수는 없다는 것이다. 그래서 그들은 하나님을 제거한다. 하나님을 제거한다고 해서 고통이 줄어드는 것은 아니지만, 역설은 말끔히 없어진다. 그러한 무신론은 논리적인 (혹은 비논리적인) 사고의 결과가 아니라 순수한 항의일 뿐이다. 이 세상에 도사리는 고통과 불공정함을 보고 화를 내는 것은 그러한 것을 방치하는 하나님을 향해 화를 내는 것이나 다름없다. 반항은 거부로 표현된다. 이런 무신론은 대개 긍휼이 넘치는 무신론이다. 이런 무신론자는 괴로워하고 격노한다. 이것은 대단히 영적인 무신론, 인간의 조건이나 영원한 가치와 밀접한 관계가 있는 무신론이다.

이반 카라마조프는 격렬히 항의하는 이러한 무신론을 문학적으로 가장 훌륭하게 표현한다. 그는 공책을 가지고 다니면서 자기가 듣거나 읽은 무고한 고통의 사례를 모두 옮겨 적었다. 그의 공책에는 끔찍한 것들, 즉 사고와 고문, 잔인함과 고통, 악의와 절망이 담겨 있다. 그는 주로 무고한 어린이들의 고통을 기록했다. 공책에 차곡차곡 기록된 비사는 하나님의 존재를 부정하는 결정적인 기소장이 되었다. 세상의 존재 방식이 이러하니, 하나님이 존재할 리 없다는 것이다.[2] 그러나 카라마조프는 자신이 믿지 않았으면서도 하나님에 대해 끊임없이 이야기하고, 자신이 거부했으면서도 그리스도를 끊임없이 떠올렸다. 그의 무신론은 성스러움, 사랑, 의미와의 씨름이었다. 향을 피워 세상의 고약한 냄새를 감추고, 하나님의 햇살을 즐거이 노래하는 자들의 상투적인 경건보다는 카라마조프의 무신론이 훨씬 더 영적인 깊이를 갖추고 있다.

다른 종류의 무신론도 있다. 바로 지적 정직을 위한 고투다. 이런 무신론자들은 영화와 토크쇼 그리고 자유토론회에서 닥치는 대로 수집한 몇 조각의 잘못된 정보와 공상을 토대로 구성한 하나님 상을 가지고 시작한다. 어느 날 그들은 그 하나님 상을 흘깃 보고 하나님은 턱수염이 없다는 결론을 내린다. 턱수염이 없으면, 하나님이 아니라는 것이다. 청소년들이 종종 이런 식의 무신론자가 된다. 지적 능력이 성장하면서 그들은 자기가 품었던 유치한 하나님 상을 재검토하고, 그것이 불충분한 상이라고 결론을 내린다. 그들은 "지성을 갖춘 성인이라면 그런 것을 믿지 않을 거야"라고 분명하게 말한다. 그리고는 즉시 무신론자가 된다. 그들은 다음과 같은 물음을 던지지 않는다. "잘 발달된 정신과 면밀하게 훈련된 지성을 갖춘 이들 가운데 하나님을 믿는 이가 있는가? 있다면, 그런 믿음은 무엇으로 이루어지는가?"

목사들은 그러한 무신론자들을 상당히 자주 접한다. 나는 더 면밀히 조사해보라고 말하면서 이런 질문을 던진다. "당신이 믿지 못하는 하나님에 대해 말해주실래요? 그 하나님은 어떤 하나님인가요?" 나는 이어지는 답변을 듣고 나서 대체로 이렇게 동의한다. "그런 하나님은 나도 믿지 않아요. 당신이 제시하는 자료에 의거하여 말하자면, 나도 무신론자입니다."

이때쯤 되면 나는 상대방의 허락을 받고 다음과 같이 말을 잇는다. "알고 있습니까? 1세기 사람들이 그리스도인에게 씌운 흔한 죄목

가운데 하나가 무신론이었다는 것을요. 그 문화에는 수백 명의 신이 있었지만, 그리스도인은 그 신들을 믿지 않았어요. 그들은 소위 신들과 여신들을 진지하게 생각하는 것을 대단히 어리석은 짓으로 여겼어요.

다신교도들은 자기에게 위안을 주는 미신적 관습과 자기에게 재미를 주는 이야기가 조롱을 당하자 당연히 화가 났지요. 그들은 불신앙적인 그리스도인이 세력을 잡으면, 사회 질서와 정치 질서가 전복될지도 모른다고 걱정했어요. 그리스도인이 무신론의 죄목으로 박해를 받고, 투옥되고, 간혹 살해를 당한 것은 그 때문이에요. 그들이 한 분이신 하나님을 믿는 것은, 여타의 모든 이가 적어도 200-300명의 신을 믿는 문화 속에서는 종교적인 것으로 여겨지지 않았어요. 게다가 로마인과 그리스인 입장에서는 셈족의 하찮은 신, 즉 자신의 존재를 상징하는 조각상이나 자신의 중요성을 확인해줄 신전이 없는 신을 진지하게 생각하기 어려웠어요.

그러니 당신이 믿지 않는 신이 하나 내지 여럿이라면, 당신은 그리스도인과 마찬가지라고 할 수 있어요. 그 옛날 초기 무신론자들이 믿던 한 분 하나님에 관한 이야기에 관심을 가져보지 않을래요?"

우리는 이런 종류의 무신론을 이해하고 존중할 수 있다. 또한 고통에 민감하게 반응하여 격렬히 저항하는 무신론자를 악에 맞서 영적·도덕적 투쟁을 벌이는 협력자로 환영할 수도 있다. 무신론자와 사귀는 것은 독선을 막는 길이 된다. 또한 지적 분별력이 있는 무신론자는 우리 시대에 넘쳐나는 온갖 어리석음, 즉 '신'이라 불리는 통속적이고 불완전한 어리석음을 격렬히 거부한다는 점에서 우리의 협력자라고 할 수도 있다. 우리는 그들을 맞아들여, 최고의 지성들이 과거에 하나님에 관해 어찌 생각했고, 지금은 어찌 생각하는지를 탐구하는 대화에 초청해도 좋을 것이다.

그러나 우리가 너그러이 대할 수 없는 무신론도 있다. 시편 14편은 세상이 가장 많이 두려워하면서도 가장 관대하게 대하는 무신론, 마음속으로 '하나님이 없다'고 말하는 자들을 힘차게 공격한다. 이 무신론은 은밀하고 눈에 띄지 않는 무신론, 이목을 끌지 않는 무신론이다. 이 무신론에 빠진 자들은 입으로 "하나님이 없다"고 말하지 않는다. 오히려 입으로는 여느 사람과 마찬가지로 하나님에 관해 말하고, 다른 이들과 함께 사도신경과 주기도문도 암송한다. 그들은 입으로 하나님의 존재를 인상적으로 주장하고, 믿음이 없는 자들을 공격하기도 하고, 공중기도와 국교 지정을 요구하기도 한다.

그러나 마음속으로는 '하나님이 없다'고 말한다. 그들의 무신론은 목소리로 표현되지도 않고 인식하지 못할 수도 있지만, 생생히 살아 있다. 무엇을 믿느냐는 질문을 받으면, 이런 무신론자는 현대에 널리 알려진 종교적 경향 가운데 하나를 대거나 교회가 하나님과 관련하여 믿어야 한다고 제시하는 내용에 동의를 표하기도 한다. 철학자이자 비평가인 알래스데어 매킨타이어는 그들의 강령을 다음과 같이 공식화했다. "하나님은 없다. 그래도 때때로 하나님께 기도하는 것은 현명한 일이다."[3]

'마음속으로' 하나님이 없다고 말하면, 더없이 유쾌한 기분이 들기도 할 것이다. 스스로 의존 상태에서 벗어나 내가 모든 현실의 주

너희 보물이 있는 곳에

인이 되고, 나의 바람대로 사람들이 반응하게 할 수 있다는 걸 발견하고 상황을 통제하는 기술을 익히게 된다. 이는 완고하고 딱딱한 육지의 현실을 뒤로하고 대양에 뛰어들어 헤엄치고 힘들이지 않고 떠다닐 때의 상쾌함과 같을 것이다. 자아에 잠겨 그 흐름에 몸을 맡기고 자아와만 관계하면 된다.

그러나 한없이 넓고, 수평선이 한없이 뻗어 있고, 심연이 한없이 깊을 것이라는 기대에도, 자아는 상당히 작은 세계임이 판명된다. 거기에서 무엇을 할 수 있겠는가? 겨우 먹고살고 대화도 단편적으로만 나눌 뿐이다. 딱히 갈 곳도 없다. 그러니 생물이나 인간과 어떤 관계를 맺겠는가? 잠시 뒤 싫증이 나서 밖으로 나가고 싶을 것이다. 자아는 인간적인 면에서 들어가 살 만한 환경이 아니다.

우리의 발밑에도 하나님이 필요하고 우리의 폐에도 하나님이 필요하다. 우리는 창조주와 피조물과 공동체가 필요하다. 하나님은 현실의 거대한 대륙이시다. 우리는 그 속에서 살고 있다. 우리가 그분을 거부하고 자아의 바다에서 살려고 하면, 곧바로 지쳐서 우리를 계속 떠 있게 해줄 온갖 인공 장비, 떠다니는 나무나 구명조끼가 필요할 것이다. 자아는 우리에게 적합한 환경이 아니다. 거기에서 산다면, 우리의 폐는 끊임없이 물로 가득 차서 구조와 인공호흡을 받아야 할 것이다. 그리고는 다시 바다에 나가 이 모든 과정을 처음부터 다시 밟아야 할 것이다. 어찌하여 우리는 자아의 대양에서 벗어나 두 발로 하나님나라의 마른 땅을 딛고 서지 않을까?

'하나님이 없다'면, 자아가 즉자적이고 궁극적인 실재가 될 것이고 우리는 그 속에 붙박인 존재가 되고 말 것이다. 자아는 대양의 일종인 자궁과 같다. 우리가 사람이 되고자 한다면 거기에서 빠져나와야 한다.


## 소비재 취급받는 인간

자아의 생존보다 더 위험에 처한 것이 있다. 바로 세상의 생존이다. 상냥하고 존경할 만하지만 마음속으로 하나님이 없다고 말하는 무신론자가 세상의 건강과 건전을 위험에 빠뜨리고 있기 때문이다. 그들은 세상의 정신을 갉아먹는 두더지, 세상의 몸에 들끓는 구더기다. 시편 기자는 격한 심정으로 그들을 고발한다. "그들이 밥 먹듯이 내 백성을 먹으면서." 식인종이다! 사람들이 소비재 취급을 받고 있다.

심정적 무신론은 사회적 억압이 되고 만다. 자아가 자신만의 규칙을 만들고 자신만의 욕망을 채운다면, 그것의 사회적 결과로 주변 사람들이 음식물, 즉 욕구를 채우는 데 쓰는 물질이 되고 말 것이다. 그들을 더는 사람으로 보지 않고 생활을 만족시키는 데 쓰는 소재로 볼 것이다.

흔히들 내가 무엇을 믿든 그것은 나와 관계된 것이지 다른 이와 관계된 것이 아니고, 내가 마음속으로 남몰래 무엇을 하든 그것은 다른 이에게 중요한 것이 아니라고 말한다. 이는 이 시대의 커다란 거짓말 가운데 하나가 아닐 수 없다. 나의 믿음은 모든 이와 관계된 것이다. 내 마음속에서 일어나는 일은 사회 속에서 취하는 나의 행동 양식을 형성하기 때문이다. 내가 심정적 무신론자가 되어 하나님 대신 나를 주권자로 만들고, 나의 욕구와 필요와 공상에 맞게 사태를 조정한다면, 나는 사회에서 해적이 되고 말 것이다. 또한 나는 다른 사람은 안중에 없이 오로지 나의 이익을 위해 무언가를 얻을 방법을 가차 없이 찾을 것이다. 내가 심정적 무신론자라면, 나는 머지않아 국가의 내장에 생긴 암이 되고 말 것이다.

언젠가 G. K. 체스터턴은 "만일 내가 지주라면, 내가 나의 소작인에 대하여 가장 알고 싶은 내용은 그들의 고용 상태나 그들의 소득이 아니라 그들의 신념이다. 이것을 알아낼 길이 있다면 말이다"라고 말했다. 그들의 신념이 그들의 정직성, 그들의 대인 관계, 소작지를 대하는 그들의 마음가짐을 결정하기 때문이다. 소득이 적정하다고 해서 정직한 것도 아니고 유망 직업이라고 해서 행실이 바른 것도 아니다. 신념은 여론 조사서에 적어 넣는 즉석 답변이 아니다. 우리의 신념은 우리에 관해 말해주는 가장 깊은 생각이다. 우리의 신념이 우리의 행동을 형성한다. 따라서 우리의 신념은 우리에 관해 알려주는 가장 실제적인 생각이라고 할 수 있다.

## 관계를 나타내는 단어

독선으로 번역되는 심정적 무신론은 악할 뿐만 아니라 어리석기까지 하다. "죄악을 행하는 자는 다 무지한 자냐?"(4절) 흔히들 하나님의 신비를 등지고 세상을 우리 뜻대로 움직이는 방법에 관해 일러주는 막대한 양의 정보를 습득해야 많은 것을 아는 사람이 된다고 생각한다. 그러나 정보 습득이 곧 지식은 아니다. 지식은 하나님, 그분의 세계, 그분의 사람들과 관계가 있다. "하나님이 의인의 편이시기 때문이다"(5절). 여기서 의인은 녹선적인 사람이 아니라 현실과 바른 관계를 맺는 사람이다.

성경에서 말하는 '의'라는 단어는 우리의 자아 안에 있는 것을 나타내는 것이 아니라 우리가 하나님과 어떤 관계에 있는가를 나타내는 말이다. 제아무리 선하고 훌륭하고 박식하다고 해도 마찬가지다. '의'는 관계를 나타내는 단어이고 일차적 관계는 하나님과의 관계다.

무신론은 비관계적이다. 무신론은 하나님을 하나님으로 모시지 않고 하나님의 위격을 나의 선택에 따라 이용하거나 그러지 않아도 되는 대상, 부인하거나 무시해도 되는 대상으로 만들어버린다. 이와 동시에 의도하건 의도하지 않건, 의식하건 의식하지 않건, 사람도 망각되어 내가 이용해도 되는 대상, 내가 부인하거나 무시해도 되는 대상이 되고 만다. 다수의 사람이 이런 취급을 받으면, 그 사회는 비인간화되고 사람들이 염가로 팔리는 공장 직판장이 되고 만다.

고발은 계속된다. "행악자는 가난한 사람의 계획을 좌절시키지만"(6절). 가난한 사람은 성경 처음부터 끝까지 은총을 위해 발탁된 사람들이다. 가난한 사람과 불쌍한 사람은 하나님의 특별 관심 대상이다.[4] 이는 구약과 신약에서 힘차게 드러내는 강한 확신이다. 하나

너희 보물이 있는 곳에

님이 사상 최초의 구원 공동체로 삼으시려고 택하신 민족은 이집트에서 종살이를 하던 민족이다. 하나님은 인간이 되실 때 가난한(비천한, 눅 1:48) 마리아의 자궁에 수태되시고 가난하게 사셨다(고후 8:9). 교회를 세우실 때에는 빈민 계급에서 신자 대부분을 모으셨다(고전 1:26-29).

신학자이자 사회운동가 로널드 사이더는 이와 관련된 성경의 폭넓은 증거를 조사하는 가운데 사람들이 가난한 사람들에게 '어마어마한' 관심을 '끊임없이' 기울였음을 알고 탄성을 지른다.[5] 교회도 활력이 넘치고 건강할 때에는 가난한 사람들에게 각별한 주의를 기울였다. 그리스도인을 미워하고 그리스도인의 명예를 실추시키기 위해 최선을 다했던 배교자 율리아누스 황제는 그리스도인을 가리켜 '신을 믿지 않는 갈릴리 사람들'이라고 불렀지만, 소위 이 무신론자들이 "자신들의 가난한 사람들뿐만 아니라 우리의 가난한 사람들에게도 먹을 것을 주고 있다"고 인정할 수밖에 없었다.[6]

다른 사람들처럼 성경을 잘 알면서도 독선적인 사람이 가난한 사람을 괴롭히는 것은 무엇 때문일까? 가난한 사람들이 대단히 어리석은 독선을 끊임없이 고발하기 때문이다. 가난한 사람들은 꼭 필요한 것만을 추려낸 인성을 우리에게 제시한다. 그런데도 우리는 효용이 없는 그들을 보며 우리만을 동족으로 인식한다. 가난한 사람들은 내게 이득이 되지 않는다. 하지만 아파하시는 하나님, 긍휼이 풍성하신 하나님은 가난한 사람들의 면전에서 우리에게 면박을 주신다. 가난한 사람은 내가 가지고 있는 것 중에서 나에게 쓸모없는 것을 요구하는 사람일 뿐이라는 것이다.

내가 독선, 즉 관계를 멀리하는 자기 의에 빠지면, 다시 말해 내가 내 삶의 주권자가 되면, 이는 관계를 부정하는 것이다. 그러면 나는 이토록 많은 증거 앞에서 어떻게 도망치는가? "가난한 사람의 계획을 좌절시키고" 증거를 헷갈리게 하고 자료를 왜곡함으로써 달아난다. 흔히들 게으르다는 이유로 가난한 사람을 모욕하고, 부도덕하다는 이유로 가난한 사람을 비난하고, 무식하다는 이유로 가난한 사람 앞에서 거들먹거린다. 그들이 가난한 것은 게으르거나 불량하거나 어리석어서가 아니냐는 것이다.

가난한 사람의 계획을 좌절시키는 것보다 나은 대안은 가난한 사람의 협회에 가입하는 것이다.[7] 성경을 꼼꼼히 읽어보면, 가난한 사람은 해결해야 할 골칫거리가 아니라 손잡아야 할 사람이라는 사실을 알 수 있다. 성령의 활동 방식에 정통한 찰스 윌리엄스는 이렇게 말했다. "교회가 어딘가에서 혁명의 필요성을 일깨우지 않은 채 오랫동안 생존한 적은 없다. '가난한 사람들은 언제나 너희와 함께 있다'고 그리스도는 말했다. 그리고 그리스도의 전통이 가 닿은 곳이면 어디에서나 가난한 사람을 일깨우는 일이 정확히 이루어졌다."[8] 사회 정의에 대한 열정은 바로 이러한 인식에서 생겨난다.

'가난하다'를 뜻하는 히브리어 단어 아니임'aniyyim과 '비천하다'를 뜻하는 아나윔'anawim은 매우 밀접한 관계가 있다. 가난함은 사회 경제적 상태를 가리키고, 비천함은 도덕적·영적 상태를 가리킨다. 이 둘의 공통점은 무소유다. 상황 때문이든 선택에 따른 것이든 이들은

너희 보물이 있는 곳에

지배하는 자가 아니다. 이들은 자기 운명의 고삐를 쥘 수 없는 사람이거나 쥐지 않는 사람들이다. 이들은 지배력이 없기에 주권자이신 하나님의 은혜로운 선물에 응답하고 그 선물을 받는다.

예수께서 제자들에게 믿음으로 사는 법을 가르치시며 시작하신 말씀이 바로 이 내용이다. 그분의 말씀은 다음 두 가지다. "마음이 가난한'anawim 사람은 복이 있다"(마 5:3). "너희 가난한'aniyyim 사람은 복이 있다"(눅 6:20). 이 둘은 닮은꼴이다. 물질적 가난과 육체의 관계는 영적 가난과 영혼의 관계와 같다. 하나님께서 우리에게 자신을 내어 주시고 복을 주시고 특징지으신 삶의 시작은 무소유로 이루어진다. "우리가 정녕 복을 받게 되어 있다면, 우리는 모든 혼란스러운 아집을 버려야 한다. 자아에서 벗어남은 물론이고 자아에 대한 집착에서도 벗어나야 한다. 벗어나는 일반적인 방법은 정신적 가난, 감정적 가난, 영적 가난의 상태에 노출되는 것이다."[9]

심정적 무신론자가 가난한 사람에게 위협을 받는 것은 당연하다. 반反독선 앞에서는 독선이 있는 그대로, 즉 은밀하지만 철저한 무신론으로 드러나기 때문이다. 가난한 사람을 열등한 인간으로 여겨 피하거나 멀리하는 한 무소유 상태를 기피할 수밖에 없다. 무소유 상태에 있지 않으면, 우리의 생존에 꼭 필요한 모든 것이 '다른 이'에게서 온다는 사실을 깨달을 수 없다. 암묵적 무신론은 들키지도 않고 도전을 받지도 않기 때문이다.

# 흔한 고통

놀라운 사실은 다음과 같은 일이 너무나 흔하다는 것이다.

주님께서는 하늘에서 사람을
굽어보시면서,
지혜로운 사람이 있는지,
하나님을 찾는 사람이 있는지를, 살펴보신다.

주께서 찾아내셨는가? 아니다.

너희 모두는 다른 길로 빗나가서
하나같이 썩었으니,
착한 일을 하는 사람이 하나도 없구나.

이는 바울이 로마서에서 자신의 탁월한 논거를 대는 가운데 자신의 삶을 정당화하려는 인간의 모든 시도를 폭로하고 인용한 것이기도 하다(3:10-12). 유대 사람과 그리스 사람, 종교인과 무종교인, 경건한 사람과 이교도 모두 자아에 싸여 있다. 다들 하나님 없이 살아가려고 하거나 하나님을 이용하여 자신의 목적을 이루려고 한다. 두 경우 다 무신론이다. 말하자면 하나님을 하나님 아닌 신분으로 끌어내려 신이 된 내가 하나님을 무시하거나, 아니면 내가 원하는 바를 얻

너희 보물이 있는 곳에

을 수 있게 나를 거들라고 하나님에게 명령하는 것이다.

이런 일이 비일비재하게 일어나는 여러 이유 중 하나는 그것이 너무 쉽기 때문이다. 지적 무신론과 달리 심정적 무신론은 굳이 논리적인 주장까지 펼쳐가며 하나님의 존재를 부인하지 않는다. 그러려면 너무 많은 수고를 해야 하기 때문이다. 게다가 그럴 필요도 없다. 하나님을 강등시키고 그분을 하나님의 자리에서 여느 신의 자리로 끌어내리면 그만이다. 그분의 신성은 인정해주되 나 자신의 주권을 침해하지 않는 사안에만 그분의 재판권을 한정하면 그만이다.

도덕적 무신론과 달리 심정적 무신론은 비난성 발언으로 하나님의 존재에 이의를 제기하지도 않는다. 그러려면 아주 많은 노력을 기울여야 하기 때문이다. 굳이 그럴 필요도 없다. 하나님의 존재에 의심을 품는 무고한 고통을 무시하면 그만이다. 도덕적 조건이 아니라 경제적 조건, 윤리적 조건이 아니라 절차적 조건, 영적 조건이 아니라 심리적 조건을 다루는 한, 하나님을 거론할 필요가 없다.

심정적 무신론은 독선의 신념 체계(내지 무신념 체계)다. 자아를 중심에 세우고 무슨 일이 있어도 자아가 옳다는 듯이 자아 주위에 사물, 사람, 사건, 하나님을 배열한다. '내 소리가 곧 하나님의 소리vox mei, vox dei'라는 것이다. 심정적 무신론은 모든 것을 군림하는 자아와 관련지어 판단하고 해석한다. 이 일은 종종 의외의 성공을 거둔다. 우리 주위에는 악하게 행동하거나 어리석게 행동하는 사람이 넘쳐나고, 그래서 다들 세상이 잘못 돌아가는 것에 대한 책임을 그들 가운데 한 사람에게 돌리기만 할 뿐 군림하는 자아에 문제를 제기하지는 않기 때문이다.

## 하나님에 대한 관심을 잃고

무신론, 즉 자기 운명의 주인이 되고 주변의 수많은 운명을 마음대로 움직이려는 시도는 대담하고 포악한 사안이 아니라 엄숙하고 말이 없는 사안이다. 이러한 무신론자는 답답하고 가식이 넘치고, 그래서 믿을 수 없는 존재다. 그들은 자기가 믿는다고 공공연히 고백하는 하나님을 얕보거나 하나님에게 겸손한 척하면서 소비재나 사회적 지위나 전문가의 일반적이고 추상적인 견해에 기대어 자신의 가치관을 정당화한다. 그들이 실제로 가난한 사람을 대하는 태도는 그들이 하나님을 대하는 내면의 태도를 반영한다. 그들은 내면생활이 없기에 자아를 의식하려고 대외적인 도구와 개인 맞춤형 물건과 비인격화된 사람을 필요로 한다. 나르시시즘은 이 은밀한 심정적 무신론을 가리키는 최신 용어다. 그것은 하나님에 대한 관심을 상실한 사회의 구조적 성격을 드러낸다.[10]

이들은 어리석은 자들이다. 어리석은 자는 성경이 가장 경멸하는 표현이다. 어리석은 자는 우주에서 무슨 일이 일어나고 있는지 모르는 자다. 무지해서 탐구하는 자도 아니고 길을 잃고 찾는 자도 아니다. 어리석은 자는 자신이 무엇을 모르는지도 모른다. 그는 자신이 모든 것을 알고 있고, 모든 것을 알아냈고, 비밀 정보를 보유하고 있고,

너희 보물이 있는 곳에

요령을 알고 있다고 생각한다. 어리석은 자는 자기 힘으로 살아가는 데 필요한 자원이 없다. 가치 있는 계획을 세우지도 못한다. 그러다 결국에는 무너지고 만다. '어리석은 자'라는 뜻의 나발*nabal*이 동사로 쓰이면 '무너지다'를 의미한다. 이 단어는 '시체'를 뜻하는 단어와도 밀접히 연결되어 있다.[11] 번드르르한 풍선에서 더운 공기가 빠져나가면, 남는 것은 축 늘어진 공기주머니뿐이다.

성경에서 '어리석다'의 반대말은 '지혜롭다'다. 지혜롭다는 말은 삶의 기술과 관계가 있다. 지혜로운 자는 문제의 정답을 아는 자가 아니라 사람이나 하나님과 올바른 관계를 발전시킨 사람을 뜻한다. 지혜로운 사람은 세상이 어찌 돌아가는지 안다. 지혜로운 사람은 인내와 사랑, 경청과 은총, 예배와 아름다움을 안다. 지혜로운 이는 다른 이들도 존중과 돌봄을 받아야 할 멋진 피조물이라는 것을, 특히 자신의 이익에 도움이 안 되는 이들도 그러하다는 것을 안다. 지혜로운 사람은 이 세상은 놀라우리만치 복잡한 선물이어서 보살핌과 누림의 대상이라는 것을 안다. 지혜로운 사람은 하나님은 항상 존재하는 중심, 결코 축소되지 않는 실재, 모든 것을 감싸는 사랑이시라는 것을 안다. 지혜로운 사람은 생명체 중에서 하나님께 기꺼이 반응하지 않는 생명체는 없고, 그분께서 우리를 배치하신 민족과 나라와 공동체에 기꺼이 다가가지 않는 것도 없다는 사실을 안다.

지혜로운 사람은 어리석은 자에게 필요한 치료법이 단 하나뿐이라는 것을 잘 안다. 그 치료법은 다름 아닌 기도다. 자신을 위해서는 물론이고 다른 이들의 구원을 위해서도 열과 성을 다하는 기도. "하

나님, 시온에서 나오셔서, 이스라엘을 구원하여주십시오!" 모든 이가
행복의 자리로 되돌아가기 전에는 행복이 있을 수 없다고 확신하는
기도. "주님께서 당신의 백성을 그들의 땅으로 되돌려보내실 때에."
공동체를 취득의 장場으로 여기지 않고 축제의 장으로 여기는 기도.
"야곱은 기뻐하고, 이스라엘은 즐거워할 것이다"(7절).

## 9

하나님의 일에 종사하며

자기 잇속만 차리는 자

—

하나님이 하나님의 법정에 나오셔서,

신들을 모아들이시고 재판을 하셨다.

하나님께서 신들에게 말씀하셨다.

"언제까지 너희는 공정하지 않은 재판을 되풀이하려느냐?

언제까지 너희는 악인의 편을 들려느냐? (셀라)

가난한 사람과 고아를 변호해주고,

가련한 사람과 궁핍한 사람에게 공의를 베풀어라.

가난한 사람과 빈궁한 사람을 구해주어라.

그들을 악인의 손에서 구해주어라."


그러나 그들은 깨닫지도 못하고, 분별력도 없이,

어둠 속에서 헤매고만 있으니,

땅의 기초가 송두리째 흔들렸다.

⎯

하나님께서 말씀하셨다. "너희는 모두 신들이고,

'가장 높으신 분'의 아들들이지만,

너희도 사람처럼 죽을 것이고,

여느 군주처럼 쓰러질 것이다."

하나님, 일어나셔서, 이 세상을 재판하여 주십시오.

온 나라가 하나님의 것입니다.

한 인간의 삶이 일하는 데 쓰는 시간과 하나님을 섬기는 데
쓰는 시간으로 나누어진다는 생각에 동의하는 것은 옳지
않다. 인간은 자신의 일로 하나님을 섬길 수 있어야 하고,
일 자체가 하나님께서 수행하시는 창조의 매개체라는 것을
인정해야 한다. … 모든 제조업자와 노동자는 자신의 직업
으로 하나님을 섬기도록 부름 받은 것이지 그 이외의 자리
에서 섬기도록 부름 받은 것이 아니다.[1]

**도로시 세이어즈**

"하나님이 있는 그대로의 우리가 되신 것은 우리를 있는 그대로의 그
분이 되게 하기 위해서다."[2] 2세기 초에 이레나이우스가 내세운 이래
로 한 번도 거부당하거나 포기된 적이 없는 이 주장은 기독교 공동체
의 가장 놀랍고 대담한 주장 가운데 하나다. 이레나이우스의 이 주장
이 있고 200년이 흐른 뒤, 아타나시우스는 적이 우리 인류의 목을 누
르고 있다고 확신하고 그 적을 맹렬히 논박하면서 다음과 같이 대담
하게 주장했다. "하나님은 우리를 하나님이 되게 하시려고 사람이 되
셨다."[3]

이 주장이 놀라운 이유는 이 그리스도인들이 자기들의 원천으로

받아들여 품고 산 것이 강경한 일신론이기 때문이다. "하나님만이 하나님이시고 다른 하나님은 없다." 이스라엘은 신들과 여신들이 뒤죽박죽 섞여 있는 고대 세계에서 한 분이신 하나님을 일편단심 열정적으로 섬겼다. 어떤 예외도 허락되지 않았다. "주 너희의 하나님은 질투하는 하나님이다."

하나님이 한 분이라는 깨달음은 비전 넘치는 국제적 희망으로 발전했다. 민족과 인종은 주권자 유일신의 다스림을 받으며 경쟁 신들의 옹호자가 될 필요가 없었다. 따라서 세계 공동체와 평화가 가능했다(사 2:1-5). 그 확신은 자아 통합의 기초도 제공했다. 그것은 욕망의 증식에 상응하는 신들의 증가를 막아주었다. 신은 사람들이 자기 혼자 힘으로 해결할 수 없는 긴박한 삶 속에서 흐릿하게 흘금거리는 수단에 지나지 않았다.

우리에게는 일신론이라는 단어가 육중하고 분명하고 딱딱한 단어로 보이지만, 당시의 신자들에게는 번개처럼 빠르게 어둠을 관통하는 조명이었다. 그것은 충돌이나 분리 없이 통합된 전체 속에서 살고 무장 해제된 세계, 나뉘지 않은 세계에서 사는 것을 의미했다. 힘겹게 얻고 공격도 많이 받은 진리를 공표하고 옹호하던 그리스도인이 절충을 암시하는 내용을 묵인했다니 놀라운 일이 아닐 수 없다.

신과 같은 무언가가 우리 안에 잠재하고 있다는 주장은 대담한 주장이 아닐 수 없다. 신이 되고자 하는 인간의 욕망, 곧 교만이 파멸을 초래하기 때문이다. 성경에 서술된 최초의 유혹은 하나님처럼 되라는 것이다(창 3:5). 내가 하나님처럼 되면, 하나님이 필요 없어질 것이다. 내 힘으로 신의 역할을 완벽하게 수행할 터이기 때문이다. 단 10분만이라도 인간의 상황을 경험한 사람이라면 누구나 하나님처럼 되라는 것이 근본적인 유혹이라는 데에 동의할 것이다. 이 유혹은 대담하고 교묘하게 우리의 삶을 파고든다.

지혜롭고 존경받는 지도자인 이레나이우스와 아타나시우스가 히나님 역할을 히려고 하는 우리의 성향과 자기기만이나 자기주장을 통해 신이 된 체하는 섬뜩한 재간을 알면서도 조금이긴 하지만 문을 열어 이 유혹이 침입하게 하다니 어찌된 일일까? 어쨌든 그들은 문을 열었고 위험을 염두에 두고도 그리했다. 그들은 자신들의 진술 때문에 커다란 위험이 닥쳤음을 부인하지 않았다. 그들은 위험을 무릅썼다. 다신론이나 교만보다 훨씬 큰 위험에 직면했기 때문이다. 아리우스주의라는 위험이 닥쳤던 것이다.


## 희한한 적

아리우스는 희한한 적이었다. 그는 4세기에 이집트에서 활동한 기독교 지도자로 모든 기록으로 보건대 상당히 괜찮은 인물이다. 찰스 윌리엄스는 그를 '설득력 있고 덕망이 높고 솔직한' 사람으로 평한다.[4] 처음 읽을 때에는 아리우스의 가르침이 그럴싸해 보이고 악한 구석이 전혀 없어 보였다. 그는 하나님의 실제 생명은 누군가와 나눌 수도 없고 누군가에게 전달될 수도 없다고 말했을 뿐이다. 이치에 맞

너희 보물이 있는 곳에

는 말이다. 하나님은 완전히 거룩하시고 절대적으로 '타자'이시니, 그러한 거룩함은 더럽혀지거나 오염되지 않고는 인간과 나눌 길이 없다. 따라서 예수는 하나님의 직접적인 표현 내지 인격적인 표현이 아니라 우리에게 하나님에 관해 가르치기 위해 지은 피조물이라는 것이다. 하나님은 우리와 거리를 유지하셔야 하고, 그렇지 않으면 하나님 되시기를 멈추셔야 한다는 것이다.

하나님과 인간(남자와 여자)의 관계도 가르치는 관계, 교훈적이고 도덕적인 관계가 되고 만다. 우리는 교육, 명령, 지시를 받는다. 삶의 경험을 나누는 일도 없고 사랑과 친교도 이루어지지 않는다. 아리우스의 세계는 하나님과 인간이 절대적으로 분리된 세계다. 하나님은 구원하는 사랑 속에 스스로를 쏟아붓는 분이 아니라 사람들을 들볶아 선을 행하게 하는 온건한 독재자가 되거나, 학생들에게 도덕의 기초를 가르치는 재미없는 교사가 되고 만다. 아리우스의 하나님은 로마 황제처럼 거만한 하나님, 멀리 떨어져서 독재하는 하나님이다.

같은 도시에서 활동하던 젊은 지도자 아타나시우스는 아리우스의 주장이 하나님에게 경의를 표하는 듯 보이지만 사실은 인간의 품위를 떨어뜨리고 있다는 것을 깨달았다. 그는 우리가 하나님에 관해 믿는 것과 우리가 일상적으로 행동하는 방식 사이에 내적 연관이 깊음을 알아챘다. 또한 그는 우리가 우리를 향한 하나님의 활동으로 여기는 바를 내면화하여 그것을 사회적 행동과 정치적 행동으로 표출한다는 것도 알아챘다.

만일 내가 하나님은 인격적인 방식이나 직접적인 방식이 아니라 비인격적인 방식으로, 혹은 멀리 떨어져서 자신을 나누어주는 분이라고 믿으면, 나 역시 그런 식으로 행동할 것이다. 부모인 나는 나의 자녀를 인격체로 여기고 그들과 대화하기보다는 그들을 하인으로 여기고 혹사시킬 것이다. 남편인 나는 나의 배우자와 대등하게 대화하고 친밀함을 나누는 까다로운 일에 종사하기보다는 나의 배우자를 나의 바람을 충족시키기 위해 존재하는 사람으로 여길 것이다. 고용주인 나는 일을 수행하는 사람보다는 일 자체를 더 중요하게 여길 것이다. 내가 비인격적인 지위를 선호하여 나의 인격적인 관계 형성 능력을 부정하거나 억누를 때마다 나는 나의 인간다움, 곧 하나님의 형상을 조금씩 잃을 것이다.

내가 하나님에 대해 생각하는 방식은 내가 나에 대해 생각하는 방식과 나의 모습에 영향을 미치게 마련이다. 아리우스의 방식은 하나님을 구원자가 아닌 창조자로, 돕는 이가 아닌 교사로, 연인이 아닌 명령자로 생각한다. 아리우스주의는 우리에게 영원한 아버지 하나님을 제시하지 않고 전능한 기술자 하나님을 제시한다. 옹기장이가 옹기를 만들고 소유하고 사용하듯이 기술자 하나님도 우리를 만들고 소유하고 사용한다. 그러나 우리가 옹기에 지나지 않는다면, 우리에게는 아버지가 없어질 것이다. 우리는 고아에 지나지 않고, 따라서 복음도 없어질 것이다.[5]

이런 식의 믿음은 대단히 비관계적인 믿음이다. 그리고 관계에 기초한 고귀한 행위, 즉 사랑과 기도도 서서히 사라지고 만다. 아리우스주의는 지적 활력과 상식적 매력에도 성경적으로나 인간적으로나 이치에 맞지 않는 학설이고, 사랑 없는 종교, 기도 없는 종교에 지나지 않는다.[6] 사랑도 하지 않고, 기도도 하지 않고, 서로 친교를 맺지도 않고, 하나님과도 친교를 맺지 않는 사람은 온전한 의미에서의 사람이라고 할 수 없다. 아타나시우스가 주장한 대로 사랑도 하지 않고 기도도 듣지 않는 하나님은 성경에서 말하는 하나님이라고 할 수 없다. 예수님은 우리 사이에서 사랑하시고 기도하셨다. 우리에게 하나님에 관해 설명하시려고 그리하신 게 아니다. 그분은 실제로 우리와 함께하시는 하나님, 그리스의 논리학과 이집트의 상식을 넘어 친밀하고 영원한 구원을 베푸시는 하나님이었다. 그분께서 우리와 '함께'하시고 우리 '안에' 계심으로써 위대한 변화가 시작되었다. "하나님은 우리를 하나님이 되게 하시려고 사람이 되셨다."

믿기 어렵겠지만, 알렉산드리아에서 활동한 이 두 지도자 사이의 논쟁은 4세기에 가장 중요한 정치적 사건으로 발전하여 수십 년 동안 휘몰아쳤다. 이는 종교 회의와 공의회를 여러 번 촉발시키고 잔인한 박해를 유발한 사건이자 황제 여섯 명이 마지못해서이긴 하지만 주의를 기울인 사건이다. 시인이자 사상가 샤를 페기의 명언은 대단히 역사적인 기록이다. "모든 일은 신비주의에서 시작되어 정치로 끝난다."[7] 개인적으로 그리고 내적으로 하나님에게 주의를 집중하는 열의가 모이면 힘이 되고, 이 힘은 공동체와 정부 그리고 문화로 퍼져 나가게 마련이다. 이 움직임은 눈에 띄지는 않지만 늘 일어나는 현상이다.

## 사회 속 성육신

하나님의 본성을 얼마간 갖추고 하나님의 일에 참여하라고 대담하게 요구하고, 그리스도인과 기독교 공동체를 세계 역사 한가운데로 들여보내는 기도문이 있다. 시편 82편이다. 이 시편은 일신론을 위험에 빠뜨리면서까지 우리를 인식과 응답으로 이끌어 사회 속 성육신을 실천하게 한다.

이레나이우스와 아타나시우스에게 기도의 선례가 된 대목은 1절이다. 걱정이 전혀 없지는 않았지만, 그들은 무명의 동료들과 함께 자기들의 안전한 성소를 뒤로하고 '작은 그리스도들'(그리스도인의 원래 의미)로서 과감히 거리로 나아갔다.

하나님이 하나님의 법정에 나오셔서,
신들을 모아들이시고 재판을 하셨다.

시편 중에서 이 대목만큼 번역자를 신학적으로 골치 아프게 하는 구절도 없다. 직역만으로는 충분하지 않다. 이 문장을 글자 그대로 해석하면 다음과 같다. "하나님(엘로힘'elohim)이 하나님(엘'el)의 법정에 나오셔서, 신들(엘로힘'elohim)을 모아들이시고 재판을 하셨다." 번역자가 골치를 앓는 이유는 하나님을 뜻하는 단어 엘로힘'elohim이 두 번 나오지만 전혀 다른 의미로 쓰이기 때문이다. 먼저 나오는 엘로힘은 확실히 우주의 창조자이자 심판자이신 이스라엘의 하나님을 의미한다. 그렇다면 뒤에 나오는 엘로힘이라는 단어는 어떤 의미인가? 전후 관계를 살펴보면, 신성한 일을 수행하도록 임명된 이스라엘의 사사들을 의미하는 것을 알 수 있다.[8] 이 '신들'은 불공정하게 재판한다는 죄목으로 기소되어, 밖으로 나가서 공정하게 재판하라는 명령을 받는다(2-4절). 6절에서 그들의 '신성'이 다시 단언되고, 7절에서는 그들의 죽을 운명이 단언된다.

우리가 이 시편에서 확인할 수 있는 것은 신학적 정의가 아니라 하나님이 지정해주신 일터에서 일하는 이들의 업무다. 재판관은 하나님이다. 그러나 하나님은 재판을 도맡지 않고 분담하신다. 놀라운 사실이 아닐 수 없다. 고도의 지성과 건전한 덕을 필요로 하는 일이 재판이기 때문이다. 또한 재판이 잘못 수행될 경우 재판관이신 하나님께 불명예를 안겨드려, "땅의 기초가 송두리째 흔들리니"(5절) 누가 그 일에 전념할 것이냐는 심각한 물음을 던지게 하는 일이기도 하다.

재판 업무를 맡은 이들이 회의장에 소집되어 재판관이신 하나님 주위에 모여 있다. 이 환상은 무미건조하다. 꾸밈도 없고 일화도 없다. 원문에서는 '하나님'과 '신들'이라는 표현이 반복해서 등장하고 '재판'과 '공정'이라는 표현도 그러하다. 주제는 분명하다. 말하자면 하나님의 일을 맡아서 수행하는 이들은 소집을 당할 터인데, 그때에는 자신들이 수행한 일을 놓고 하나님 앞에서 설명을 해야 한다는 것이다.

재판관의 업무는 공정하게 대하고, 권리를 지켜주고, 보호하고, 구해내는 것이다. 재판관은 약자, 고아, 괴로워하는 사람, 빈민, 곤경에 처한 사람을 특별히 보살피는 책임을 맡은 자다. 본문에 등장하는 재판관들은 자신의 임무를 제대로 수행하기는커녕 변덕과 편견에 사로잡혀 재판했다. 게다가 부자에게 영합하고 악인의 권세에 굴복하기까지 했다. 재판관이 지혜롭고 정직하고 공정할 경우에는 그의 앞에 출두하는 이들의 삶에 그 결과가 분명히 드러나고, 재판관이 어리석고 부정직하고 편견에 치우칠 경우에도 그의 앞에 출두하는 이들의 삶에 그 결과가 분명히 드러나게 마련이다.

역사의 증거가 재판관들을 고발한다. 언제까지 불공정한 재판을 지속할 셈일까? 그들은 질책을 당한다. 재판관들이 재판을 받는다. 그들은 자신의 업무를 수행하면서 군림하는 자가 아니라 하나님의 업무를 분담하는 자에 지나지 않는다. 그들이 직무상 신의 대접을 받는 까닭은 그 일이 하나님에게서 비롯된 것이자 하나님이 위임하신 것이기 때문이다. 하지만 그 일을 수행한다고 해서 그들이 신이 되는 것은 아니다. 그들도 '사람처럼 죽을 것'이기 때문이다(7절).

이 신들은 신의 역할을 수행하기는커녕 오히려 자신의 실제 업무에서 소명을 저버리고 만다. 그들은 자기가 맡은 업무의 본질이나 목적에도 주의를 기울이지 않는다. "그들은 깨닫지도 못하고 분별력도 없이, 어둠 속에서 헤매고만 있다"(5절). 그들이 알지 못하는 것은 무엇이고, 그들이 분별하지 못하는 것은 무엇이고, 그들이 깨닫지 못하는 것은 무엇인가? 그들은 자기 업무가 신들의 업무라는 사실을 알지도, 분별하지도, 깨닫지도 못한다. 그들은 자기가 신이고, 따라서 자기 좋을 대로 해도 된다고 생각한다. 하지만 그들은 신도 아니고 자

너희 보물이 있는 곳에

기 좋을 대로 해도 되는 존재가 아니다. 신들의 업무를 수행하면서도 하나님께 복종하지 않는다면, 그들은 아무것도 아닌 자가 되고 만다. "너희는 모두 신들이고, '가장 높으신 분'의 아들들이지만, 너희도 사람처럼 죽을 것이고, 여느 군주처럼 쓰러질 것이다"(6-7절). 우리가 신의 칭호를 받고도 신의 업무를 수행하지 않는다면, 이는 스스로를 속이는 짓이다. 죽음이 다가오면, 이 기만 행위의 정체가 드러날 것이다.


## 적대적인 질문

이 해석을 뒷받침하는 증거가 있다. 예수께서 시편 82편을 활용하여 하신 말씀이 그 증거다. 예수께서는 고난을 당하시기 전 겨울에 다음과 같이 적대적인 질문을 받으셨다. "당신은 언제까지 우리의 마음을 졸이게 하시렵니까? 당신이 그리스도인지 아닌지를, 분명하게 말하여 주십시오." 예수께서 그들에게 대답하셨다. "나와 아버지는 하나다." 일신론을 위태롭게 하는 발언에 대해서는 돌로 치도록 되어 있었다. 때문에 유대 사람들이 돌을 들어 예수를 치려고 했다. 그러자 예수께서 그들에게 물으셨다. "내가 아버지의 권능을 힘입어서, 선한 일을 많이 하여 너희에게 보여주었는데, 그 가운데서 어떤 일로 나를 돌로 치려고 하느냐?" 유대 사람들이 대답하였다. "우리가 당신을 돌로 치려고 하는 것은, 선한 일을 하였기 때문이 아니라, 하나님을 모독하였기 때문이오. 당신은 사람이면서, 자기를 하나님이라고 하였소." 예수께서는 시편 82편을 인용하심으로써 위기를 모면하셨다. "너희의 율법에 '내가 너희를 신들이라고 하였다' 하는 말이 기록되어 있지 않으냐? 하나님의 말씀을 받은 사람들을 하나님께서 신이라고 하셨다. 또 성경은 폐하지 못한다. 그런데 아버지께서 거룩하게 하여 세상에 보내신 사람이, 자기를 하나님의 아들이라고 한 말을 가지고, 너희는 그가 하나님을 모독한다고 하느냐?"(요 10:24-36)

이 말씀은 예수께서 자신에게 적용하신 말씀이긴 하지만, 꼭 그분에게만 적용되는 것은 아니다. "하나님의 말씀을 받은 사람들을 하나님께서 신이라고 하셨다"는 문장은 설명용 문장이다. 하나님은 말씀으로 인간들(남자와 여자)을 '신들'이 되게 하신다. 재판관(사사)들은 하나님의 명령에 따라 신들이 되어 하나님의 일을 수행했다. 창세기에서 그랬듯이 여기서도 그랬다. "주님의 말씀으로 모든 것이 생겼다"(시 33:9). 혼돈이 질서가 되었다. 인간이 재판관이 되어 신성한 법 집행에 참여했고 이로 말미암아 신들이 되었다. "너희는 신들이다"라는 말씀은 인간이 수행하는 업무에 신성을 부여하는 놀라운 말씀이다. 이 말씀은 예수께 이의를 제기했던 유대인에게는 물론이고 우리에게도 신성모독으로 들린다. 그러나 그것은 신성모독이 아니라 성육신이다.

예수는 이 시편이 말하는 의미와 일치되게 본문을 사용하신다. 자신의 존재에 비중을 두지 않고 자신이 하는 일에 비중을 두고, 자신이 누구이냐에 강세를 두지 않고 자신이 무슨 일을 하는지에 강세를 두신다. 나는 요한복음 곳곳에서 예수의 존재를 신성한 존재로 강조

너희 보물이 있는 곳에

하고 있는 것(연이어 등장하는 "나는 ~이다"라는 진술에 그러한 강조가 포괄적으로 들어 있다)을 간과하고서 이런 발언을 하는 것이 아니다. 어쨌든 예수께서는 자신의 일이 하나님의 일에 참여하는 표시임을 입증하려고 시편 82편을 인용하신다. "내가 내 아버지의 이름으로 하는 그 일들이 곧 나를 증언해준다. ··· 내가 아버지의 권능을 힘입어서 선한 일을 많이 하여 너희에게 보여주었는데, 그 가운데서 어떤 일로 나를 돌로 치려고 하느냐? ··· 내가 내 아버지의 일을 하지 않거든, 나를 믿지 말아라. 그러나 내가 그 일을 하고 있으면, 나를 믿지는 아니할지라도, 그 일은 믿어라"(요 10:25, 32, 37-38).

우리가 알다시피 예수께서는 인간이 수행하는 중요한 재판 업무를 자신의 업무에서 일부러 제외하셨다. "이 사람아, 누가 나를 너희의 재판관이나 분배인으로 세웠느냐"(눅 12:14). 하지만 그분은 시편 82편이 언급하는 범위 속에 자신을 포함시키셨다. 예수께서는 가르치고 치료하고 설교하고 심방하고 기도하는 일을 하셨고, 초기에는 목수 일을 하셨을 것이다. 그러나 예수께서는 시편 82편에 등장하는 재판관들을 모든 직업인의 대표로 이해하셨다. 그분은 스스로를 재판관에 포함시키심으로써 논의의 틀을 재판관의 일에서 모든 직종의 일로 확대하신다. 일 자체는 하나님의 일에 참여하라는 명령이다. 속된 일은 존재하지 않는다. 어떤 일도 우리 자신만의 일이 아니다. 우리가 무슨 일을 하건 그 일은 '우리 혼자 힘으로' 하는 것이 아니다.

우리의 일이 신성한 까닭은 그 일이 하나님에게서 비롯된 것이자 하나님께서 우리에게 맡겨주신 것이기 때문이다. 일의 목적은 이중적이다. 하나는 창조의 과정을 지속시키는 것이고(창 2:15), 또 하나는 죄의 영향력을 무력화시키는 것이다(창 3:17-19, 23). 최초의 소임인 동산 가꾸기는 인간의 타락에도 파기되지 않았다. 가시덤불과 엉겅퀴 때문에 까다로워졌을 뿐이다.

시편 82편에서 환상적으로 묘사하는 재판관들의 회합은 후속 환상을 유발한다. 트럭 운전사, 의사, 주부, 변호사, 상인, 교사, 광부, 임업인, 농업인, 선원, 목사, 군인, 어업인, 사회복지사, 언론인, 예술가, 항만 노동자 들이 한자리에 모이는 것이다. 환상은 이론이 아니다. 환상의 의의는 몇 줄짜리 선명한 정의를 제시하는 데 있지 않고, 상상력의 시야를 하나님의 활동이 이루어지는 드넓은 세계로 열어주는 데 있다. 환상은 조심스럽고 꼼꼼하기보다는 무모할 정도로 엉뚱하다. 우리는 이 환상을 통해 우리가 하는 일이 얼마나 경이롭고, 얼마나 성스럽고, 얼마나 의미심장한지 얼핏 알게 된다. 일의 근원적 의의는 창조의 복을 증진하고 악의 영향력을 무력화하는 데 있다. 따라서 환상을 통해 모인 나와 나의 동료들은 다음과 같은 질문을 받는다. "당신의 일은 결과적으로 피해자를 만들어내는가, 아니면 찬미자를 만들어내는가?"

모든 일은 하나님의 일과 이어지도록 설계되었지만, 하나님의 일에서 벗어나기도 한다. 근원적인 목적에서 벗어난 일은 사람과 사물, 사회와 제도를 착취하거나 위축시킨다. 일을 실행에 옮기면서 사람과 재료와 착상을 이용하여 자기 잇속만 차릴 경우 창조의 의미는 파괴되고 죄의 습관만 늘어난다. 여하한 일도 이 위험을 피할 수 없다.

너희 보물이 있는 곳에

공장은 물론이고 교회 안에도 자기 잇속만 차리는 일이 있을 수 있다. 병원은 물론이고 설교단에서도 착취하는 일이 쉽게 발생한다. 재판관들은 부패하고 사장들은 사기꾼이 되고 과학자들은 정직하지 못한 사람이 된다. 한 남자가 에든버러 중심가에서 자기가 키우는 개를 때리고 있었다. 소설가 로버트 루이스 스티븐슨이 그에게 다가가 멱살을 쥐고 벽으로 밀치며 꾸짖었다. 그러자 그 남자가 애처로운 소리로 말했다. "이 개는 내 개요. 내 개를 가지고 내 맘대로 하겠다는데 웬 참견이오?" 스티븐슨이 대답했다. "그대의 개가 아니라 하나님의 개요. 내가 이 자리에 있는 것은 이 개를 보호하기 위해서요."

이쯤 되면 기도로 표현된 환상을 충분히 이해할 것이다. 우리 일의 좋고 나쁨을 판단하는 기준은 우리가 일해서 얻는 수입도 아니고, 일해서 얻는 지위도 아니다. 우리의 일이 창조 세계 안에서 내는 결과가 그 기준이다. 우리의 일 때문에 사람들이 가난하게 되지는 않았는가? 우리의 일 때문에 땅이 손상되지는 않았는가? 우리의 일 때문에 사회에서 사취 행위가 일어나지는 않았는가? 나의 일 때문에 세상이 더 좋아졌는가? 아니면 더 나빠졌는가? 우리는 일을 생산성의 관점에서 평가하는 데 익숙한 나머지 일의 의미를 창조성의 관점에서는 좀처럼 파악하지 않는다. 우리는 너무나 오랫동안 효율과 이윤의 문제만 제기해온 나머지 덕행의 문제는 좀처럼 제기하지 않는다. 그러나 정경에 있는 것은 애덤 스미스가 아니라 시편 82편이다. 하나님은 야망을 이루라고 혹은 사욕을 채우라고 우리에게 일을 맡기시는 것이 아니라, 창조를 심화시키고 사회를 정화하라고 맡기신다. 모름

지기 일은 생계유지 수단으로 격하되어서는 안 된다. 모든 일은 하나님의 일에 참여하는 행위다. 하나님께서 일하시니 우리도 일한다. 우리는 일 속에서 신이 된다. 우리는 에너지를 관리하고 물질도 만들고 다양한 관계를 형성하고 땅을 경작하고 제단을 지킨다.

자칫 기도는 내적 경험을 쌓겠답시고 외부세계로부터 물러나는 행위가 되기 쉽다. 시편 82편은 그런 기도를 조심하라고 알리는 경계 표지 역할을 한다. 우리의 주의를 내적 생활에서 광범위한 외적 생활, 즉 우리의 일 속에서 이루어지는 생활로 이동시킨다. 초대교회 교부 니사의 그레고리우스는 우리의 머리나 가슴에 한정된 기도는 있을 수 없다고 주장했다. 이를테면 삶이 없는 기도, 병 속에 담겨 거룩하게 보관되는 기도에는 아무것도 존재하지 않는다는 것이다. 그는 하나님의 '존재'에 주의를 기울이지 않고, 하나님이 하시는 '일'에 주의를 기울였다. "가난한 이들과 나눌 줄 아는 사람은 우리를 위해 가난하게 되신 분 안에서 자기 몫을 얻을 것이다. … '주님, 당신의 종, 당신의 가난하고 가련한 종을 기억해주십시오. 제가 용서했으니, 이제는 주님이 용서해주십시오'라고 담대하게 말하려면, 하나님의 긍휼을 본받아야 한다."[9] 하나님이 되는 것은 사랑과 가난과 자비 속에서 하나님처럼 행동하는 것을 의미한다. 한 달에 며칠 밤 내지 주말에만 그러는 것이 아니라 우리가 하는 일 속에서 그러는 것을 의미한다. 안으로 파고드는 것이 기도라면, 밖으로 뻗어나가는 것 역시 기도다.

시편 82편은 환상의 형식을 취한다. 우리는 환상으로 기도하는 가운데 하나님 앞에 불려나가 이러쿵저러쿵 설명하는 우리의 모습을

너희 보물이 있는 곳에

본다. 그러니 어찌 우리가 생을 낭비하고 자기 잇속을 차릴 것이고, 어찌 우리가 다른 이들에게 학대를 가하고 해를 끼치겠는가? 우리는 우리 자신이 신이라고 상상하되, 뽐내며 과시하지 않고 단지 그 사실을 깨닫고 두려워할 뿐이다. 우리에게는 나눠줄 삶이 있고 여분의 사랑이 있고 넘치는 긍휼이 있고 여분의 인정도 있다. 착취하든 돕든, 상처를 입히든 치료하든, 우리는 다른 이를 위해 무언가를 할 수 있다. 우리는 그럭저럭 살면서 강자 앞에서 꼬리를 내리고 약자나 못살게 구는 존재가 아니다. 우리가 하는 평범한 일을 신앙생활에 그다지 중요하지 않은 것으로 여기면, 우리 자신과 이 세상에 엄청난 빈곤을 안겨주고 말 것이다. 이 환상은 원래의 광채를 되찾아주어 우리가 재판 행위 속에서 그 광채를 거스르지는 않았는지 돌아보게 한다. 일은 인간으로 살아가기 위해 어쩔 수 없이 하는 무언가가 되어서는 안 된다. 나는 기도로 돌아가 환상으로 보고 또 보는 가운데 "너희는 신들이다"라는 엄청난 진술 속에 나 역시 포함되어 있음을 깨닫는다.


## 보기에서 말하기로

그러나 시편 82편 전체가 환상은 아니다. 보는 것에서 말하는 것으로의 이행이 이 시편 끄트머리에서 일어난다. 갑자기 청원이 이루어진다.

하나님, 일어나셔서, 이 세상을 재판하여 주십시오.

온 나라가 하나님의 것입니다.


"하나님, 일어나셔서, 이 세상을 재판하여 주십시오." 흔히들 우리의 일에 하나님을 참여시키는 것이 기도라고 생각한다. 하지만 실제로는 하나님이 자신의 일에 우리를 참여시기신다. 우리가 기도 중에 깨닫는 사실은 우리가 하나님께 일을 맡기는 것이 아니라 하나님이 우리에게 일을 맡기셨고, 우리가 그 일을 제대로 수행하지 못하고 있고, 따라서 우리와 여타의 사람들 속에서 그 일이 제대로 이루어지려면 하나님의 주도권이 필요하다는 것이다. 내가 깨닫는 또 하나의 사실은 하나님께 그분의 일을 이루어달라고 기원하는 것도 나의 일이라는 것이다. 나는 서툴어도 참여자로서 그분의 일에 다시 종사한다. 그러나 이제는 자기 잇속을 차리는 자로서 그분의 일에 종사하는 것이 아니다.

"이 세상… 온 나라." 이 시편에 등장하는 환상이 분명히 밝힌 대로, 우리가 이 세상에 온 것은 우리 자신의 목숨을 구하기 위해서가 아니라 이 세상과 온 나라를 보살피기 위해서다. 영혼이 기도의 관심 대상이듯이 이 세상도 기도의 관심 대상이고, 이웃이 기도의 관심 대상이듯이 온 나라도 기도의 관심 대상이다. 이 시편에 등장하는 환상은 우리를 격려하여 우리의 건강과 구원을 위해서는 물론이고 이 세상과 온 나라를 위해서도 열심히 기도하게 한다. 이는 개인적인 부분을 줄이고 정치에 집중하는 차원의 문제가 아니다. 이 기도문에 담긴

너희 보물이 있는 곳에

환상은 우리의 수용력을 넓혀주어 우리로 하여금 우리의 환상 속에서 그것을 유지하고 중보기도 속에서 그것을 발휘하게 해준다.

버크민스터 풀러는 열역학 제2법칙에 기술된 엔트로피의 흐름에 역행하는 것이 지구인의 목적이라는 견해를 개진한다. 물리적인 것은 맹렬한 속도로 산산조각 나는 반면, 사람은 그것을 조립한다. 사람은 교량과 도시와 도로를 건설하고 악곡과 소설을 쓰고 헌법을 제정하고 아이디어를 낸다. 이것이 지구인의 존재 이유다. 누군가 나서서 우주가 산산조각 나는 것을 막아야 하기 때문이다. 풀러는 기도를 자신의 일에 포함시키지 않았다. 하지만 나는 기도를 추가하라고 말하고 싶다. 기도는 원상복구를 이루어낸다.[10]

비전을 담은 기도는 인간의 일상적인 일이 얼마나 성스러운지 여실히 보여준다. 중보기도는 무질서한 일을 원상태로 돌려준다. 하나님의 도움을 구하는 기도는 문화와 사회 조직의 붕괴를 막아주고 "기도하고 일하라*ora et labora*"라는 표어가 우리의 역사를 형성하는 표어가 되게 한다.

Where
Your
Treasure
Is

10

하나님의 활동 무대

—

이스라엘이 이집트에서 나올 때에,
야곱의 집안이 다른 언어를 쓰는 민족에게서 떠나올 때에,
유다는 주님의 성소가 되고,
이스라엘은 그의 영토가 되었다.


바다는 그들을 보고 도망쳤고,
요단 강은 뒤로 물러났으며,
산들은 숫양처럼 뛰놀고
언덕들도 새끼 양처럼 뛰놀았다.


바다야, 너는 어찌하여 도망을 쳤느냐?
요단 강아, 너는 어찌하여 뒤로 물러났느냐?
산들아, 너희는 어찌하여 숫양처럼 뛰놀았느냐?
언덕들아, 너희는 어찌하여 새끼 양처럼 뛰놀았느냐?

—

온 땅아, 네 주님 앞에서 떨어라.
야곱의 하나님 앞에서 떨어라.
주님은 반석을 웅덩이가 되게 하시며,
바위에서 샘이 솟게 하신다.

하나님이 그대 혹은 나를 지으신 것은 우주의 절반을 지으
신 것이나 다름없다. 세계를 모으고 끌어당기는 중심점이
있는데, 이 중심점을 형성하는 것이 다름 아닌 인간의 육체
와 정신이다.[1]

오스틴 파러

흔히들 20세기의 생태학적 혼란은 그리스도인 때문이라고 비난한다.
그러면서 그리스도인이 현세의 삶보다는 영생을 중시하고, "이 세상
은 내 집이 아니다. 나는 그저 나그네일 뿐이다"라는 그리스도인의
가치체계도 땅보다 하늘을 더 중시한다며 이러한 비난을 뒷받침하는
근거로 사용한다. 그리스도인은 천상에서 영원히 사는 것을 주요 목
적으로 삼는 까닭에 이 세상을 돌볼 여력이 있는데도 그것을 대수롭
게 여기지 않는다는 것이다.

　이처럼 땅보다 하늘을 더 선호하다 보니, 이 세상은 조만간 멸망
할 운명이라는 확신이 종종 뒤따랐다. 멸망할 운명을 타고난 세상이
니 강을 열심히 정화하거나 최후 심판의 날에 불타버리고 말 삼림을
열심히 보호하는 것은 곤란하다는 것이다. 지구가 이미 더러워지고
오염되었으니 노천광이 여기에 있고 방사성 폐기물 처리장이 저기에

있다고 해서 사태가 지금보다 더 악화되지는 않으리라는 것이다. 최후 심판 뒤 하늘에서 내려올 '새 땅'에서 거주하기에 적합하도록 영혼의 문제를 해결하는 것이 시간을 더 잘 활용하는 길이라는 것이다.

그리스도인에게 땅을 착취하도록 권하는 성경 구절을 인용하고 비난을 뒷받침하는 이들도 있다. "땅에 충만하여라. 땅을 정복하여라. 바다의 고기와 공중의 새와 땅 위에서 살아 움직이는 모든 생물을 다 스려라"(창 1:28). 그들은 그리스도인이 창세기의 이 구절을 땅과 물고기와 새와 여타의 모든 생물에게 마음대로 해도 된다는 뜻으로 읽었을 것이라고 주장한다. '정복하다'라는 말은 '내 의도대로 사용하다'라는 뜻이고, '다스리다'라는 말은 '내가 책임자다'라는 뜻이다. 말하자면 '나는 결과를 따져 묻지 않고 지구의 삼림을 베어 넘겨도 되고, 고래와 해오라기와 아메리카들소를 마구 죽여도 되고, 쓰레기를 강에 함부로 투기해도 된다. 땅과 그 자원은 내 것이니 내 마음대로 써도 된다. 하나님이 그러라고 하셨다'는 것이다.

성경을 알지 못하는 사람들과 비교하면, 그리스도인에 대한 비난이 더욱 거세진다. 원시인은 대지大地와 전혀 다른 관계를 맺는다. 그들은 땅과 자연의 모든 힘, 즉 날씨와 계절, 야생 생물, 식물을 경외한다. 또한 그들은 산과 강과 천둥을 마주하고 두려움과 경외심을 품는다. 이교도 역시 대지와 전혀 다른 관계를 맺는다. 그들은 대지와 그 속을 관류하는 온갖 힘, 인생의 파도, 생식의 환희, 태양과 천체의 작용을 찬미한다.

이들 원시인과 이교도는 대지의 안과 위와 아래에 그들 자신보다 훨씬 위대한 무언가가 있다는 사실을 잘 안다. 그들은 대지와 조화를 이루며 살게 하는 의식과 이야기도 배운다. 그러나 성경의 사람들은 대지를 경멸한다. 땅이 그들의 '발아래' 있기 때문이다. 주인이 종을 부려먹으면서도 종을 존중하지 않고, 종에게도 주인의 삶을 편안하게 해주는 하찮은 일보다 훨씬 나은 존엄성과 운명이 있음을 알아주지 않듯이, 성경의 사람들도 대지를 제멋대로 이용한다. 이런 태도가 대지와 바다와 공기를 아무 생각 없이 광범위하게 황폐화했다. 원주민의 자연 접근법도 그러지 않았고 이교도의 자연 접근법도 그런 황폐화를 용납하지 않았건만, 성경의 자연 접근법이 그런 황폐화를 가능케 하는 태도와 합리화를 제공한 것이다.[2]


## 누더기가 된 자연

이것이 그리스도인이 받는 비난이다. 이 비난은 사실에 바탕을 둔 것일까?

전혀 그렇지 않다. 이 비난은 성경의 정신에 대한 부끄러운 무지와 근대사에 대한 지독한 무지에서 비롯된 것이다. 우리 시대의 인간이 대지를 파괴한 것은 분명한 사실이다. 인류 역사상 지금처럼 대지大地를 냉혹하게 대한 적이 없다. 프랑스 철학자 모리스 메를로퐁티는 우리의 근대 의지의 결과를 다음과 같이 냉정하고 간결하게 요약했다. "자연이 누더기가 되었다."[3]

너희 보물이 있는 곳에

그러나 대지 남용의 책임을 성경의 정신에 돌려선 안 된다. 원시인의 종교나 이방 종교와 달리 성경은 자연이 신성하다고 생각하지 않았고, 그래서 예배의 대상으로 여기지도 않았다. 성경은 자연을 피조물, 즉 하나님의 말씀으로 존재하게 된 피조물로 여기고 선함과 복을 드러내는 존재로 여겼다. 성경의 사람은 원시인이나 이교도와 달리 자연계에 굴하지 않는다. 자연계를 두려워하지도 않고 자연계 때문에 황홀에 젖지도 않는다. 그렇다고 자연계를 함부로 깔보아도 될 만큼 우위에 있는 것도 아니다.

우리는 피조물 가운데 가장 완전하게 조성된 피조물이자 '하나님의 형상을 따라' 자의로 하나님의 일에 참여하는 피조물로서 동산을 '맡아서 돌보는'(창 2:15) 책임과 '비밀을 맡은 관리인'(고전 4:1)이 되어야 할 책임을 맡고 있다. 창조 세계는 적대적 취급을 받거나 미신 취급을 당하거나 냉대를 당할 낯선 외계가 아니라, 사람을 지으신 창조주께서 만드신 것이다. 따라서 사람은 창조 세계의 모든 구성원과 친족 관계다. 감사하면서 책임을 맡고 감사하면서 서로 의존하는 것이야말로 성경이 환기하는 마음 자세다.

대지를 경시하는 태도는 고대의 태도가 아니라 근대의 태도이고, 성경적 태도가 아니라 세속적 태도다. 무엇보다도 계몽주의 시대가 소개한 인간의 사고 전환과 행동 전환이 대지 경시의 원인이라 할 수 있다. 그 지적·영적 운동 속에서 만물과 자아와 세계의 관리자는 다름 아닌 인간이었다. 세계관이 세속화되는 바람에 사랑과 정의의 하나님, 응답하는 하나님은 존재하지 않고, 야심차게 사적 이익을 추구하는 인간, 명령을 내리는 인간만 존재하게 되었다. "가장 높은 곳에서는 인간에게 영광이요, 땅에서는 만인에게 더 높은 생활수준이로다"가 찬송 주제였다. 이 세상은 우리의 '돌봄' 대상이 아니라 '이용' 대상이 되고 말았다. 교만을 억제하고 겸손을 장려하는 영적 지식은 감소하고, 기술 발전은 인간이 멋대로 환경을 침탈할 수 있도록 점점 강력한 수단을 제공했다.

우주에서 우리의 지위를 이해하게 해주는 지배적 은유인 '하나님의 형상'이 서서히 빛을 잃고, 자만이라는 신화가 그 자리를 차지하면, "하나님은 창조 세계에 어떤 뜻을 품고 계실까?"라고 묻는 사람은 점점 줄어들고, "창조 세계를 이용하여 나의 뜻을 이루려면 어찌해야 할까?"라고 묻는 사람이 늘어날 것이다. 이들은 자신의 의도를 하나님의 의도에 반하는 것으로 여기지 않는다. 어리석게도 인간에게 좋으면 모두에게 좋은 것이라고 생각한다.

하나님이 의도하신 창조의 맥락에서 벗어난 인간은 더 높은 법정에 아뢰지도 않은 채 제멋대로 판결을 내린다. (인간에게는 더 높은 법정이 존재하지 않기 때문이다.) 이제 숲은 사람들이 산보하면서 고요한 기쁨에 젖어들고 조물주에게 감사의 기도를 올리는 장소가 아니라, 그것을 평평하게 깎아 분양 토지로 만들려면 불도저가 몇 대나 필요한지를 계산하는 기술자의 침탈 대상일 뿐이다. 다른 피조물에 정통하던 인간의 슬기로운 수동성은 기계의 조종 장치에 달린 과학 기술자의 신경질적인 클러치로 바뀌었다.[4] 물론 늘 그런 것은 아니고 모든 이가 그런 것도 아니다. 아직도 인간의 가치와 도덕적 실재에 민감하

너희 보물이 있는 곳에

게 반응하고 하나님의 영광을 위해 기술을 신중히 사용하는 이들이 있다. 그러나 그들은 소수에 지나지 않는다.

탐욕스럽고, 게걸스럽고, 권력을 갈망하고, 공허하고, 충동적인 의지를 신성시하다가 곳곳에서 황폐화의 결과를 목격하고 걱정하는 사람들, 성경의 정신이 그 원인이라고 비난하고 염려하는 사람들은 원시인의 방식이나 이교도의 방식에 기대어 영감과 지침을 얻으려고 한다. 다수의 그리스도인도 우르르 몰려가 그들과 제휴하려고 했다. 그러나 우리는 우리가 할 수 있는 일에 최선을 다하는 것이 더 나을 것이다. 그 일은 다름 아닌 기도다. 우리에게는 환경의 여러 요소를 기도에 주워 담는 깊고 유구한 전통이 있다. 기도는 우리로 하여금 창조 세계와 조화를 이루며 창조주를 섬기게 하고, 그분께서 지속하시는 일을 우리의 일로 삼게 해준다. 우리를 대지와 관련된 중보기도의 자리에 세워 국가의 이기심을 끊는 행동을 전개하게 하는 시편이 몇 편 있는데, 시편 114편도 그 가운데 하나다.


## 반反기도

시편 114편의 가장 놀라운 점은 비유적 표현에 있다. 바다가 도망을 치고, 요단 강이 뒤로 물러나고, 산과 언덕은 숫양과 새끼 양처럼 뛰놀고, 반석과 바위는 물줄기를 분출한다. 이는 창조 세계를 아는 일에 몰두하고, 대지에 정통하고, 환경을 구성하는 다양한 모습의 생명에 민감하게 반응하는 기도문이다.

다시 들여다보면, 이 기도문은 자연을 다룬 것이 아니라 역사를 다룬 것임이 드러난다. 이집트 탈출이라는 하나의 사건이 기도로 표현되고 있는 것이다. 좀 더 조사해보면, 사실상 성경에는 자연 시편, 즉 자연에 관해 이야기하는 시편이 존재하지 않는 것을 알 수 있다.

하늘과 바다를 가까이하고 동물과 새를 가까이한 경험, 그들에 관한 지식을 기도의 어휘로 사용하는 시편이 있기는 하지만, 기도의 대상은 언제나 자연이 아니라 하나님이시다. 시편 기자들은 하나님의 창조 행위를 찬미하고(33편), 사람을 책임자의 자리에 세우실 만큼 겸손하신 하나님께 경외심을 표하고(8편), 하나님의 계획을 드러내는 하늘과 법령을 나란히 제시하고(19편), 빛과 바람, 구름, 바다, 샘물, 새, 물고기, 황새, 너구리, 일하는 사람들, 찬양하는 사람들의 얽히고설킨 상호관계 속에서 인상적으로 드러나는 세심한 계획에 놀란다(104편). 그러나 그들의 시편은 결코 자연을 기린 것이 아니다. 언제나 하나님을 기린다.

성경의 시인들은 자연 감상을 즐기지 않았다. 사실 그들은 그것을 극렬히 반대했다. 그들의 반대는 상당히 의도적이었다. 모든 이웃이 자연에다 기도를 바치는 세계에서 히브리 사람들이 살고 있었기 때문이다. 자연의 가장 두드러진 양상은 생식과 파괴다. 하나는 대지와 자궁에서 은밀하게 일어나는 출산 과정이고, 다른 하나는 예측이나 통제를 넘어서는 화산, 지진, 폭풍과 같은 가공할 힘이다. 가나안 사람들은 (성경을 알지 못하는 주변 모든 민족과 마찬가지로) 자신들 너머에 있

너희 보물이 있는 곳에

는 이 신격화된 존재를 두려워하고 그 존재에게 기도를 바쳤다. 그들이 왜 그랬는지는 쉽게 이해할 수 있다. 방심한 순간에 우리도 그리하기 때문이다. 하지만 히브리 사람들이 그리하지 않은 이유를 설명하는 것은 쉽지 않다.

우리 주위의 피조세계는 경이롭다. 우리가 그 세계에 눈길을 보내는 순간, 그 세계는 감흥과 사색을 일으켜 우리의 기분을 전환시킨다. 이 감흥과 사색은 기도와 대단히 흡사해 보인다. 너무나 자발적이고 자연스럽고 진지하고 꾸밈이 없어서 우리가 우리 너머의 실재, 즉 신들 내지 하나님과 깊이 사귀고 있다고 생각하게 만든다. 그것들은 정해진 기도 장소에서 예정된 예배를 드릴 때 경험하는 우리의 경험보다 더 진짜처럼 다가온다. 이는 18세기 찬송가에 바닷가의 일몰 장면이 빈번히 등장하는 이유를 밝혀주는 것 같다.

그러나 우리가 그러한 자연 환경으로 돌아가 그러한 감정을 회복할 경우 대개는 하나님보다 우리의 감정에 마음을 쓰고 만다. 그렇게 우리는 선을 넘는다. 기도를 하지 않고 자연을 '이용하여' 종교적 감정을 우러나게 한다. 사계절의 신비로운 순환에 마음이 끌리고, 황홀한 날씨에 넋을 잃고, 태양과 행성들의 영향력에 마음을 연다.

이것 자체에는 특별히 잘못된 구석이 없고 옳은 구석이 많다. 그러나 그것이 자연을 체계적으로 조작하고 착취하는 단계로 나아가면, 이는 잘못이 아닐 수 없다. 자연의 힘에 굴복하고 신성한 자연의 힘을 흡수하다 보면, 자연의 영향력을 뒤집을 수 없으니, 자아가 받아들인 힘의 방향을 돌려 자연에 영향을 미칠 수는 없을까 하고, 생각하는 지점에 이른다. 그럴싸한 말로 들리고 실험이 시작된다. 우리는 또 한 번 선을 넘는다. 창조 세계를 이용하여 창조 세계를 변조하고 창조 세계로 하여금 스스로 적대하게 하는 것이다.

이와 같은 일이 흔하게 벌어지는 까닭에 동종요법이라는 별난 용어까지 생겼다. 자연의 느낌, 리듬, 움직임을 익혀 신성한 자연을 지배하는 것, 그것이 동종요법이다. 지연 종교는 산, 강, 해, 딜, 별, 사세, 날씨 속에 무언가 신성한 것이 있다는 확신 위에서 작동한다. 말하자면 자연 '속으로 들어가' 자연의 신성을 접하고, 자연의 생산력에 참여하고, 자연의 의기양양한 면에 협력하고, 영원한 희열을 경험하는 것이다. 창조 세계 안에는 우리가 성나게 하거나 달랠 수 있는 신성한 힘이 있는데, 적절한 의식을 거행하고 약간의 운만 따라주면 자연을 조작하여 이기적 이익을 도모할 수 있다는 것이다.

마법이라 불리는 반反기도가 여기에서 유래했다. 기도가 하나님 앞에서 자발적으로 하는 행위라면, 마법은 고의로 자연에 영향을 미치는 행위다. 마법은 자연을 굴복시켜 자기 뜻에 응답하게 하려고 자연적인 수단을 능숙하게 활용하여 (하나님이든 악귀이든) 초자연적 존재를 조종하는 행위다. 마법사는 약초에 관한 지식, 행성의 움직임, 다양한 소리의 주문, 마약 조제, 일람표 작성을 활용하여 자신의 뜻을 자연에 강요하는 전문가다. 시편 기자들의 시대에 마법을 부리던 종교는 바알 종교였다.[5] 오늘날에는 자연을 이용하여 감정의 욕구를 교묘히 획책하거나 자연을 이용하여 권력욕을 채우는 기술, 즉 파우스트처럼 영혼을 파는 과학 기술의 형태로 이 종교가 부상하고 있다.

　　　　　　　　　　　너희 보물이 있는 곳에

열왕기상 18장에는 바알의 사제들이 칼과 창으로 자기 몸에 상처를 내고 피를 흘리면서 하늘을 움직여 비를 내리려고 시도하는 웃긴 이야기가 등장한다. 성경에서 가장 유명한 동종요법 이야기다. 바알의 사제들이 자기 몸에서 생명 유지에 필요한 액체를 충분히 흘리면, 하늘의 신 바알도 생명 유지에 필요한 액체를 흘려줄지 모를 일이었다. 반면에 엘리야는 아무것도 하지 않는다. 기도 속에서 행동하는 이는 우리가 아니라 하나님이다. 기도 속에서 우리는 기적의 전동 장치와 도르래를 작동시키는 과학 기술을 개발하지 않고 하나님의 활동에 참여한다. "내 뜻대로 하지 마시고, 아버지의 뜻대로 하여주십시오."

현대 과학 기술자들은 이교 마법사의 후계자들이다. 수단만 바뀌었을 뿐 정신은 그대로다. 금속 기계와 심리학적 방법이 마법의 약의 뒤를 이었지만, 환경을 마음대로 이용하려는 의도는 전혀 변하지 않았다. 오만한 자아가 하나님을 이용하여 자신의 편의를 도모하는 것일 뿐, 하나님은 그런 의도에 가담하지 않으신다.

## 하나님의 활동 무대

시편 114편은 마법에 초점을 맞추지 않고 기도에 초점을 맞춘다. 하나님이 자신의 협력자인 자연과 함께 어찌 활동하시는지 다룰 뿐, 역사를 우리의 편익에 맞추려면 자연을 어찌 조종해야 하는지 다루지 않는다. 대지는 우리의 이용 대상이 아니라 하나님의 활동 무대다. 교만한 우리는 써먹기 위해 자연에 접근하지만, 기도하는 시편 기자는 우리로 하여금 자연과 함께 하나님의 구원을 찬미하고 찬양하게 한다.

이스라엘이 이집트에서 나올 때,
야곱의 집안이 다른 언어를 쓰는 민족에게서 떠나올 때에,
유다는 주님의 성소가 되고,
이스라엘은 그의 영토가 되었다.

이 시구에서 눈에 잘 띄지 않지만, 가장 중요한 것으로 판명되는 단어는 대명사다. '주님의' 성소와 '그의' 영토는 하나님의 성소와 하나님의 영토를 가리킨다. 이스라엘의 정체성 형성 경험, 즉 이스라엘 민족의 이집트 대탈출은 그들이 행진하면서 자신의 우월성을 뽐내려고 앞세운 민족주의 깃발이 아니라, 하나님의 은혜로운 통치에 대한 겸손한 복종으로 표현된다. 지리(유다)가 전례(성소)가 되고 고대 근동의 작은 땅이 하나님의 활동 무대가 된다. 일반적으로 현실 속에서 우리의 위치를 알아내는 데에는 다음 두 가지가 필요하다. 하나는 우리가 딛고 선 장소이고, 다른 하나는 우리의 눈에 띄는 대상이다. 시편 기자는 이 두 가지를 더 광범위하고 더 친밀한 것, 곧 하나님의 현존과 하나님의 활동에 포함시키고 역사와 지리를 예배에 모아들인다.

너희 보물이 있는 곳에

성경의 사람, 기도의 사람은 장소를 지질학의 문제로 환원하여 실지 조사하거나 분석하지 않는다. 또한 그는 장소를 경제학의 문제로 환원하여 소유권을 정하지도 않는다. 단지 하나님의 현존과 활동의 관점에서 장소를 바라볼 뿐이다. 성경의 사람, 기도의 사람은 하나님을 자연으로부터 분리시키지도 않는다. 바위와 강, 고래와 코끼리는 구원에 참여하는 요소다. 자연을 통해서는 하나님을 이해할 수 없지만, 하나님을 통해서는 자연을 이해할 수 있다. 신성하다는 선언을 받은 것도 아니건만, 자연이 자기 능력 이상의 짐을 짊어지도록 지어져서일까, 우리는 어느 순간 지독한 미신에 사로잡혀 자연 앞에서 움츠러들기도 하고, 어느 순간 정신적인 망상에 사로잡혀 자연의 비위를 맞추기도 한다. 흔히들 적절한 기술을 익히기만 하면 하나님을 우리의 목적에 맞게 이용할 수 있다고 확신하지만, 하나님은 자연으로 축소되는 분도 아니고 우리의 '조종'을 받는 분도 아니다.

성경의 사람, 기도의 사람은 신비하고 신성한 것에 가까운 무언가를 깨닫는다. 말하자면 이집트 대탈출과 가나안 입성은 하나님께서 자기 백성에게 자기를 알리시고 자기 백성에게 강림하기 위해 활용하신 수단이라는 것이다. 하나님은 지리적으로 찾아낼 수 있는 역사와 분리된 채 자신을 알리거나 강림하시는 분이 아니다. 땅과 그 풍경은 사람들이 하나님에게 영향을 미치려고 이용하는 수단이 아니라, 하나님께서 그들 가운데서 활동하기 위해 이용하시는 물질적 구조다. 기도는 '그분에게' 바치는 것이지 '신성한' 바위에 바치는 것이 아니다. 기도는 '그분에게' 바치는 것이지 화석화된 신에게 바치는 것이 아니다.

성스러운 상징과 우상(혹은 부적, 주문, 제의, 작은 조각상)의 차이는 다음과 같다. 성스러운 상징은 하나님께서 우리에게 무언가를 주시려고 이용하시는 것이고, 우상은 우리가 무언가를 얻으려고 이용하는 것이다. 양쪽 다 물질과 관련이 있다. 그러나 성스러운 상징은 우리가 자발적으로 마주하는 것이고, 우상은 우리가 의도를 품고 마주하는 것에 지나지 않는다. 성스러운 상징은 재료가 평범하다. 하나님은 손에 닿는 것은 무엇이나 사용하셔서 우리에게 자신을 나누어주시기 때문이다. 반면에 우상은 재료가 특별하다. 인상적인 형태의 값나가는 금속, 우리의 의도를 채워주고 우리의 지배욕에 힘을 더해준다는 기이한 물체, 운석과 같은 물체가 그 재료가 된다. 그러나 우리가 성스러운 상징을 마주하여 하나님께 주의를 기울이면, 하나님은 우리의 의식을 이용하셔서 환경에 광범위한 빛을 뿌리신다. 그러면 환경은 이집트와 팔레스타인(과 미국)이 하나님의 구속 활동이 이루어지는 구체적 장소임을 증명해 보인다.


## 승리의 길

이 기도문의 중반부에는 우리가 이 성례전적 자각을 통해 환경과 관계를 맺는 방식이 표현되어 있다.

너희 보물이 있는 곳에

바다는 그들을 보고 도망쳤고,
요단 강은 뒤로 물러났으며,
산들은 숫양처럼 뛰놀고,
언덕들도 새끼 양처럼 뛰놀았다.

이집트 대탈출의 일면을 생생하게 묘사한 것이다. "바다는 그들을 보고 도망쳤다." 이스라엘의 이야기는 이것을 좀 더 수수한 산문 언어로 표현한다. 이스라엘 민족은 이집트 사람들에게서 도망치다가 홍해 바다에 막히고 만다. 모세가 지팡이로 바다를 치자 바다가 갈라졌고, 그제야 이스라엘 민족은 마른 땅을 밟으며 바다를 건넌다. 하나님께서 '피할 길을 마련해주신' 것이다. "요단 강은 뒤로 물러났다"는 표현은 40년 광야 여정의 막바지에 만만찮은 요단 강에 막혀 약속의 땅에 들어가지 못한 이스라엘 민족에게 팁을 제공한다. 여호수아가 지팡이로 강물을 치자 강이 갈라지고, 이스라엘 민족은 행진하고 강을 건너가 약속의 땅을 정복한다. 하나님께서 승리의 길을 마련해주신 것이다. 산문으로 기록된 출애굽기는 "산들은 숫양처럼 뛰놀고, 언덕들도 새끼 양처럼 뛰놀았다"는 표현을 단조롭게 기술한다. 모세가 시내 산 꼭대기에서 율법을 수여받는 동안, 이스라엘 민족은 시내 산 기슭에서 오랫동안 기다리며, 산들이 화산 활동으로 우르르 울리고 지진에 흔들리는 것을 보고 두려움에 사로잡힌다.

이 시편은 어째서 알기 쉽게 이야기하지 않는가? 첫째 이유는 우리 가운데서 이루어지는 하나님의 활동과 현존이 우리의 이해력을 넘어선 곳에서 이루어지고, 그래서 수수한 묘사와 정확한 정의가 더이상 제 기능을 못하기 때문이다. 여러 층의 실재는 말의 낭비를 야기한다. 실재가 우리 너머에 있기 때문이다. 하지만 낭비가 심하긴 해도 과장해서 말하지는 않는다. 실재를 부족함 없이 충분하게 묘사할 수 있는 말은 존재하지 않는다. 물론 홍해를 도망치는 자칼로 묘사하고, 요단 강을 제 위치를 버린 겁쟁이 보초로 묘사하고, 시내 산을 뛰노는 숫양과 새끼 양으로 둔갑시킨 것은 신문·잡지의 사건 기사와 같다고 할 수 없다. 그렇다고 혼란스러운 상상력의 작품이라고 할 수도 없다. 출애굽기는 기도하면서 구원을 목격한 이들의 작품이다. 모든 이가 현실의 한계(홍해와 요단 강)로 여기던 것이 180도 전환되고, 거대하고 메마른 화강암만 나타나는 생명이 없는 사막(시내 산)에서 갑자기 에너지가 흘러나오자 시대에 뒤떨어진 낱말을 다시 사용할 수밖에 없었다.

알기 쉽게 이야기하지 않는 또 다른 이유, 훨씬 중요한 이유가 있다. 기도 속에서 우리는 시인 월리스 스티븐스가 말한 '은유 사용의 동기'를 익힌다. 우리는 사물을 볼 때 따로따로 분리된 것으로 보기보다는 그 이상의 것을 보고, 만물이 역동적인 균형과 관계 속에 있음을 인식한다. 이 세상의 원료는 물질이 아니라 에너지다. 우리는 이처럼 상호 연결된 활기를 어떻게 표현하는가? 바로 은유를 이용하여 표현한다.

하나의 은유어는 본래의 지시 기능을 넘어서 또 다른 의미를 지니는 낱말이다. '넘어서'라는 낱말은 우리의 이해력을 헛갈리게 하기보다는 오히려 우리의 이해력을 넓혀주고 반짝이게 해준다. 생태학이라는 용어가 만물(공기, 물, 흙, 인간, 새 등)의 상호연계성을 나타내듯이, 상상력과 은유라는 용어는 모든 단어의 상호연계성을 나타낸다. 역사적 단어(출애굽), 지질학적 단어(언덕들), 그리고 동물을 가리키는 단어(숫양)는 너나없이 다른 모든 단어와 관계를 맺는다.

의미는 서로 연결되어 있다. 따로 떼어 핀으로 꽂아놓고 현미경으로 들여다보아서는 아무것도 이해할 수 없다. 어떤 단어를 사전에서 찾아보는 것만으로는 그 단어를 다 이해했다고 할 수 없다. 우리는 입을 떼는 첫 순간부터 이제까지 발설한 모든 말의 그물에 끌려들어간다. 한 단어는 우리를 다른 단어와의 불가사의한 관계에 끌어들이고, 다른 단어는 우리를 또 다른 단어와의 관계에 끌어들인다. 기도가 상상력을 동원하는 어법, 즉 은유법, 직유법, 환유법, 과장법을 좋아하는 것은 그 때문이다. 우리가 기도할 때 말을 사용하는 것은 기도에 들어 있는 어휘 목록을 작성하려는 것이 아니라, 연합 구문론에 몰두하여 모든 단어로 하여금 하나님이 하시는 말씀과의 관계에서 제 자리를 찾아 움직이게 하려는 것이다.

소설가 웬델 베리가 그 점을 잘 말해준다. "땅은 소유지의 개념처럼 생명이 없는 것이 아니라 남자와 여자처럼 생생하고 복잡하게 살아 있다. … 땅의 생명과 우리의 생명은 절묘한 상호의존 관계다."[6] '산들은 숫양처럼 뛰놀고'라는 상상력 넘치는 문장은 시내 산 계시를 묘사한 삽화일 뿐만 아니라, 대지 자체가 계시에 반응하여 참여한다는 예리한 깨달음이기도 하다. 바울은 놀랍게도 다른 이미지를 사용하여 그런 작용을 설명한다. "모든 피조물이 이제까지 함께 신음하며, 함께 해산의 고통을 겪고 있다는 것을, 우리는 압니다. 그뿐만이 아니라, 첫 열매로서 성령을 받은 우리도 자녀로 삼아주실 것을, 곧 우리 몸을 속량하여주실 것을 고대하면서, 속으로 신음하고 있습니다"(롬 8:22-23). 은유와 직유는 설명하지 않는다. 그저 우리를 국외자에서 내부자로 끌어당겨 하나님의 말씀으로 존재하게 된 모든 실재와 관계를 맺게 할 뿐이다.

빈약한 사고를 감추려고, 혹은 밋밋한 산문을 꾸미려고 은유를 장식으로 사용하면, 말의 가치는 떨어지게 마련이다. 사실상 상상력이 풍부한 말은 쉬운 말의 기초를 완전히 익히고 나서 배우는 것이 아니다. 서술 언어보다 먼저 배우는 것이 상상력이 풍부한 말이다. 유년 시절의 우리는 너나없이 낱말을 사용하여 찬양하고 감탄하고 의견을 개진하는 시인으로서 인생을 시작했다. 은유어야말로 가장 원초적이고 가장 정확한 말이자 근원적 일치를 드러내는 말이다. 우리가 종종 깨닫고 놀라는 사실이지만, 우리는 그 일치에 썩 잘 어울리는 존재다.

"로버트 프로스트가 말한 대로, '은유는 아무개를 다른 아무개라고 생각하는 것이다.' 이런 의미에서 모든 말은 은유적이다. 어느 하나를 다른 하나와 끊임없이 연결하기 때문이다. 하나의 낱말은 끊임없이 관계의 촉수를 사방으로 뻗는다."[7] 우리는 환경 속에 있는 객체가 아니라 하나의 집에서 살아가는 거주자다. '세계'는 우리가 조사해서 써먹어야 할 비인격적 재료가 아니라 영, 즉 하나님의 영과 나의 영이 상호 침투하는 곳이다. 우리가 아는 대상이 무엇이든 우리는 그

대상의 한 부분이다.

이제 우리는 기도와 시가 가장 가까운 사이임을 깨닫는다. 모든 낱말은 우리를 자신의 출처로 점점 더 가까이 끌어당긴다. 그 출처는 산과 숫양, 언덕과 새끼 양, 이스라엘과 유다, 야곱과 그리스도, 나와 그대를 조성하는 창조적인 말이다. 시는 그 말을 입 밖에 내는 것이고 기도는 우리가 모든 말의 근원이 되시는 하나님을 대면하여 아뢰는 대로 되는 것이다.


## 땅아, 떨어라

이 시편의 마지막 연은 자연의 한가운데에 인간적인 면모가 자리하고 있음을 드러낸다.

온 땅아, 네 주님 앞에서 떨어라.
야곱의 하나님 앞에서 떨어라.
주님은 반석을 물웅덩이가 되게 하시며,
바위에서 샘이 솟게 하신다.

여기서 '땅'은 이집트, 이스라엘, 유다, 바다, 요단 강, 산, 언덕을 포괄하는 낱말이다. 우리의 가장 깊은 면은 '동물, 식물, 광물'로 나누어지지 않는다. 우리는 너나없이 하나님의 면전에 서 있다. 시내 산의 천둥소리, 요단 강의 큰 물결, 이집트의 전차는 하나님의 면전이 아니다. 우리로 하여금 그 앞에서 경외심을 품게 하는 곳, 그곳이 하나님의 면전이다.

여기서 '떨다'라는 말은 초월자에게 경외와 겸손을 표하는 말이다. 프로메테우스 같은 사람은 땅이나 제단 앞에서 떨지 않고 책임을 떠맡는다. 과학 기술자는 삼림이나 천사의 무리 앞에서 떨지 않고 감정의 동요 없이 한결같은 손놀림으로 계산기를 조작한다. 그러나 기도하는 사람은 "하나님의 자녀들이 나타나기를 간절히 기다리는"(롬 8:19) 모든 피조물과 함께 떨면서, "모든 일이 서로 협력해서 선을 이루게 하시는"(28절) 창조와 구속의 신비를 마주하여 희망차게 경배한다.

바울은 예정, 칭의, 영화라는 묵직한 단어들을 동원하여 그 과정을 추적하려 했다. 그의 시도는 여러 모로 유용하지만, 그의 신학적 사고가 우리로 하여금 '하나님의 길'을 더듬어 찾아낼 수 있게 하는지는 의문이다. 나중에 그는 좀 더 근본적인 기도 언어로 돌아갔다. "하나님의 부유하심은 어찌 그리 크십니까? 하나님의 지혜와 지식은 어찌 그리 깊고 깊으십니까? 그 어느 누가 하나님의 판단을 헤아려 알 수 있으며, 그 어느 누가 하나님의 길을 더듬어 찾아낼 수 있겠습니까?"(11:33) 이로써 바울은 하나님의 현실과 활동을 생각만 하지 않고, 그 현실과 활동에 더 가까이 다가간다.

전율은 국외자들이 흔히 생각하듯이 하나님 앞에서 겁을 먹는 것이 아니라, 오히려 거룩한 장난이나 신앙의 유희에 가깝다. 일반적으로 '자연'은 원인과 결과의 거대한 수학적 구조로 간주되고, 하늘과 바다는 철장鐵杖 법칙의 지배를 받는 것으로 생각된다. 거기에 도전하는 이는 누구나 "마치 질그릇이 부수어지듯 할 것이다"(계 2:27). 예컨대 내가 나무에서 떨어지면 중력이라는 철장이 내 다리를 산산이 부수고, 내가 불 속에서 포크를 집으면 열역학이라는 강철 법칙이 내 손가락을 쓰라리게 할 것이다.

기도는 이 필연에 반항하거나 거부하지 않고 환경에 필연 그 이상의 것이 있고 자유도 있음을 잘 안다. 우리가 그것을 이해하는 순간, 장난기가 발동한다. 땅, 하늘, 바다, 산과 관계를 맺는 기도는 놀이도 하고 깡충깡충 뛰기도 하고 춤도 춘다. 우리는 인과율이 엄격하게 작동하는 우주에서 사는 것이 아니다. 야곱의 하나님 앞에는 예측을 뛰어넘는 생명이 있다. "반석을 물웅덩이가 되게 하시며, 바위에서 샘이 솟게 하시는" 하나님 앞에는 변화될 자유, 과거의 우리 그 이상의 존재가 될 자유가 있다.

기적은 자연 법칙을 거스르는 게 아니다. 기적이 자연 법칙을 거스르는 것이라면, 걱정을 밥 먹듯 하는 지성인 내지 불안한 변증자가 그것을 거부했을 것이다. 기적은 지혜롭고 부유하신 성부 하나님의 자녀가 누리는 자유의 표현이다. 이 문제는 성경 본문을 엄격하게 주석한다고 해서, 혹은 실험실에서 조심스럽게 실험한다고 해서 해결되는 것이 아니다. 우리는 그 문제를 놓고 기도하고, 그러면서 우주 안에 있는 인격적 자유의 차원으로 들어간다. 그다음에는 어느 단계에서(꼭 그런 것은 아니지만, 대개는 학문적 이해를 넘어선 단계에서) 춤을 춘다. 이는 의외로 현대 물리학 저작이 밝히는 사실이다. 이 춤 속에서 필연과 자유는 보조를 맞추고 서로에게 반응하고 서로에게 의지한다. 그것도 인격적으로 생생하게.


## 우리의 진정한 집

삶은 우리의 힘으로 시작할 수 있는 것도 아니고, 우리의 힘으로 끝낼 수 있는 것도 아니다. 특히 창조와 구원의 복잡한 상호 작용을 믿음으로 경험하면 알게 되듯이, 삶은 우리의 유전자 은신처나 문화적 창고에서 형성되는 것이 아니다. 우리의 생각과 꿈, 우리의 감정과 상상력을 판자와 못 삼아 뚝딱뚝딱 만들 수 있는 것도 아니다. 우리는 자만해선 안 된다. 우리가 들어가 사는 세상은 하나님이 지으신 세상, 풍부한 역사를 지닌 세상, 헌신적인 참여자로 붐비는 세상, 동물들과 산들의 세상, 정치와 종교의 세상, 사람들이 집을 짓고 자녀를 양육하는 세상, 화산이 용암을 분출하고 강이 바다로 흘러드는 세상, 우리가 제아무리 꼼꼼히 관찰하고 주시하고 조사해도 (반석이 물웅덩이가 되는 것처럼) 놀라운 일이 계속 일어나는 세상이다. 우리는 우리의 관리를 넘어서는 일, 우리의 이해를 넘어서는 일에 참여할 것이므로 계속 놀랄 수밖에 없다.

존재하는 모든 것이 우리와 관계가 적어 보이거나 무관해 보여도, 우리는 기도 속에서 그 모든 것과의 복잡한 관계에서 우리의 역할을 깨닫고 수행한다. 기도는 우리가 실제의 업무를 마치고 나서 종사하는 감정적인 부업 내지 심미적인 부업이 아니다. 기도는 우리네 광범위한 생활의 결합 조직이다. 창조 세계는 구속의 세계에 스며들고 구속의 세계는 창조 세계에 스며든다. 거대하게 펼쳐진 하늘과 풍요롭게 만들어진 대지는 신처럼 군림하는 자아의 주위에 약간의 아름다움을 제공하는 배경이 아니라 대단히 아름다운 곳이다. 그곳은 우리의 진정한 집, 즉 십자가와 그리스도를 대범하게 실생활로 나타내고 거리낌 없이 찬양할 공간이 있는 곳이다.

# Where Your Treasure Is

**11**

새
로
운　사
랑
의　모
험

—

마음이 흥겨워서 읊으니, 노래 한 가락이라네.
내가 왕께 드리는 노래를 지어 바치려네.
나의 혀는 글솜씨가 뛰어난 서기관의 붓끝과 같다네.

사람이 낳은 아들 가운데서 임금님은 가장 아름다운 분,
하나님께서 임금님에게 영원한 복을 주셨으니,
임금님의 입술에서는 은혜가 쏟아집니다.
용사이신 임금님, 칼을 허리에 차고,
임금님의 위엄과 영광을 보여주십시오.

진리를 위하여, 정의를 위하여 전차에 오르시고
영광스러운 승리를 거두어주십시오.
임금님의 오른손이 무섭게 위세를 떨칠 것입니다.
임금님의 화살이 날카로워서,
원수들의 심장을 꿰뚫으니,
만민이 임금님의 발아래에 쓰러집니다.

—

오 하나님, 하나님의 보좌는 영원무궁토록 견고할 것입니다.

주님의 통치는 정의의 통치입니다.

임금님은 정의를 사랑하고,

악을 미워하시니,

그러므로 하나님, 곧 임금님의 하나님께서 기름 부어주셨습니다.

임금님의 벗들을 제치시고 임금님께 기쁨의 기름을 부어주셨습니다.

임금님이 입은 모든 옷에서는

몰약과 침향과 육계 향기가 풍겨나고,

상아 궁에서 들리는 현악기 소리가 임금님을 흥겹게 합니다.

임금님이 존귀히 여기는 여인들 가운데는 여러 왕의 딸들이 있고,

임금님의 오른쪽에 서 있는 왕후는 오빌의 금으로 단장하였습니다.


왕후님! 듣고 생각하고 귀를 기울이십시오.

왕후님의 겨레와 아버지의 집을 잊으십시오.

그리하면 임금님께서 그대의 아름다움에 사로잡힐 것입니다.

임금님이 그대의 주인이시니, 그대는 임금님을 높이십시오.

—

두로의 사신들이 선물을 가져오고,
가장 부유한 백성들이 그대의 총애를 구합니다.


왕후님은 금실로 수놓은 옷을 입고,
구중궁궐에서 온갖 영화를 누리니,
오색찬란한 옷을 차려입고 임금님을 뵈러 갈 때에,
그 뒤엔 들러리로 따르는 처녀들이 줄을 지을 것이다.
그들이 기뻐하고 즐거워하면서 안내를 받아,
왕궁으로 들어갈 것이다.


임금님, 임금님의 아드님들은 조상의 뒤를 이을 것입니다.
임금님께서는, 그들을 온 세상의 통치자들이 되게 하실 것입니다.
내가 사람들로 하여금 임금님의 이름을 대대로 기억하게 하겠사오니,
그들이 임금님을 길이길이 찬양할 것입니다.

"I love you"라고 말할 때면, 우리는 너무나 자주 'I'를 큰 소리로 말하고 'you'는 작은 소리로 말한다. 우리는 love 를 접속사로 사용하기만 할 뿐 행동을 암시하는 동사로 사용하지는 않는다.[1]

**안토니 블룸**

기도는 우리로 하여금 자아, 하나님, 공동체, 창조 세계, 정부, 문화와 가장 포괄적인 관계를 맺고 그 관계를 발전시키게 한다. 우리는 태어나는 순간부터 다양한 관계의 그물에 들어가 평생토록 그 속에 머문다. 그런데도 그것을 느끼지 못할 때가 종종 있다. 고립되고 차단되고 분열되고 멀어졌다고 느끼는 것이다. 그러한 고립을 잘 참지 못할 경우에는 그것을 극복하려고 조치를 취하기도 한다. 이웃에게 전화를 걸고 동호회에 가입하고 편지도 쓰고 결혼도 한다. 전혀 다른 시도가 겹친다. 자아는 덜 고립되고 사회는 덜 분열되고 현실이 납득된다. 그러나 기도하지 않으면, 충분히 납득되지 않는다. 기도 속에서, 오직 기도 속에서만 우리는 역동적이고 상호 연결된 전체의 복잡성과 깊이에 발을 들여놓을 수 있다. 기도하기를 잊는 것은 무해한 태만이 아니다. 그것은 자아와 사회를 적극적으로 해치는 짓이다.

자신의 다양한 관계를 거절하는 자는 사회에서 받기만 하고 베풀지는 않는 약탈자나 다름없다. 그런 사람은 사물과 사람의 세계를 약탈 대상으로 여긴다. 관계를 모르는 자는 수동적으로 국가로부터 영양분을 빨아먹고 다른 이의 삶에 부정적인 것만 주는 기생충이나 다름없다. 기도는 우리가 해석으로 변질되는 것을 막아주고, 기생충으로 변형되는 것을 막아주는 원천 활동이다.

사랑의 행위만큼 이 점을 여실히 보여주는 것은 없다. 개인으로 살아가는 데에 사랑만큼 좋은 방법이 없고, 시민으로 살아가는 데에도 사랑보다 나은 방법은 없다. 사랑은 자아를 절정으로 데려가고 사회를 가장 성숙한 모습으로 이끈다. 사랑은 공적인 것과 사적인 것을 가장 극적으로 융합하고, 추정할 수 없는 의외의 관계를 환영할 만하고 매력적인 방식으로 보여준다. 또한 사랑의 행위는 국익과 사익도 동시에 추구한다.

그러나 사랑은 우리의 최악의 모습이 드러나는 행위이기도 하다. 사랑은 가장 절묘한 성취의 장場이기도 하지만, 가장 당혹스러운 실수의 무대이기도 하다. 사랑은 인간이 할 수 있는 지고의 행위이기도 하지만, 가장 큰 고뇌의 원천이기도 하다. 사랑은 환희를 분출하기도 하지만, 종종 엇나가서 폭력이 되기도 한다. 여타의 지역보다는 미국의 침실에서 살인 사건이 더 많이 일어나는 것은 그 때문이다.

사랑의 모든 사건 가운데 사적인 영역과 공적인 영역의 내적인 관계가 외적인 형태로 드러나는 사건은 결혼이다. 결혼만큼 사적인 것은 없다. 두 사람이 기꺼이 화합하고 친밀한 기쁨을 위해 자신을 내어주기 때문이다. 또한 결혼만큼 공적인 것은 없을 것이다. 친밀함은 책임을 수반하고, 국가의 문서가 요구되고, 공무원이 선정되어 의식에 참석하고, 공동체의 구성원이 증인이 되고, 행사가 정부에서 관리하는 호적부에 기록되기 때문이다. 결혼은 두 사람 사이의 온전한 사랑을 확인하는 것이기도 하지만, 사회의 건강이 걸린 것이기도 하다. 결혼은 사적인 것과 공적인 것을 하나의 증서에 모아 담는다. 혼인 당사자나 참석자가 기도하는 사람이 아니어도 결혼식은 일반적으로 기도처에서 거행된다.

그러나 우리는 사랑이 품위 있는 정치 행위라고 좀처럼 생각하지 않는다. 웬델 베리는 이렇게 말한다. "금슬이 좋고, 자녀를 건강하게, 도덕적으로 잘 양육하는 부부는 공적인 말을 전혀 하지 않아도 여하한 정치 지도자보다 훨씬 직접적으로 세상의 미래에 이바지하는 사람들이다."[2] 사적인 영역과 공적인 영역의 경계에 있는 결혼은 우리에게 개인과 사회를 아울러 품는 사랑을 새롭게 시작할 신선한 기회를 끊임없이 제공한다. 그런데도 우리는 좀처럼 이러한 차원을 답사하지 않고 회피하기만 한다. 자기애에 싸여 있기 때문이다. 연애에 심취하는 짧은 순간에는 다른 이를 포함시키기도 하지만, 그때에도 배우자, 자녀, 친구를 사랑하는 것에 국한된다. 이웃, 상사, 단체, 대의, 관료제, 국가, 민족, 인종 등은 관례, 관습, 조서調書, 국익, 경제적 실현 가능성처럼 다른 분류 표시 아래에서만 다룬다.

# 성스러움에서 세속으로

시편 45편은 결혼 축가다. 그것 자체가 사적인 영역과 공적인 영역을 축하 의식에 흡수하는데, 이는 결혼식의 특징이다. 엄밀히 말하면, 시편 45편은 기도가 아니라 하나님 앞에서 신랑과 신부에게 건넨 노래다. 하지만 수세기 동안 성전, 회당, 교회 예배에 포함되는 과정을 거치면서 사실상 기도문, 특히 이기적인 사랑을 끊는 데 강력한 힘을 발휘하는 기도문이 되었다.

세속에서 성스러움으로의 이행은 기도에서 흔히 일어나는 일이다. 일상적인 편익을 다루기 위해 배열된 단어가 더 넓은 현실에 포함되고, 더 넓은 환경 속에서 기도문으로 변화되는 것이다. "우리에게 일용할 양식을 주소서"라는 기도 문구는 식탁에서 하는 "빵 좀 건네주세요"라는 말이 경험의 기초가 되어 태어난 것이다. 고대 이스라엘에서 사람들이 무명의 신랑과 신부를 위해 짓고 노래로 불렀던 결혼 축가가 시편이라는 하나의 기도서에 담겨, 현대 미국인의 기도에 담긴 이기적인 사랑을 끊으라고 지시한다.

마음이 흥겨워서 읊으니, 노래 한 가락이라네.
내가 왕께 드리는 노래를 지어 바치려네. …
임금님의 오른쪽에 서 있는 왕후는 오빌의 금으로 단장하였습니다.

신랑과 신부를 왕과 왕후라 부르는 데에서 이 결혼식의 공적인

너희 보물이 있는 곳에

특성이 두드러진다(1절과 9절). 국혼國婚인 셈이다! 이 축가에서 축하를 받는 이는 히브리 사람인 왕과 두로 사람인 왕후다. 왕가의 혼인은 정치적 행사다. 그렇다고 해서 결합의 낭만적인 요소가 덜한 것은 아니다. 민주 사회에서 우리가 볼 수 있는 국혼은 군주제의 자취를 다소 지닌 영국에서 텔레비전으로 방송하는 것뿐이다. 그래서 우리도 그 결혼식의 낭만적인 측면에 주의를 기울이지만, 사실 모든 결혼은 법률이 인정하고 규정하는 또 하나의 국혼이다.

양초와 예복, 감동적인 노래와 열띤 서약, 포옹과 입맞춤 한가운데에는 혼인 증서도 어엿하게 자리를 차지한다. 이따금 주머니나 지갑 속에 경솔하게 구겨 넣고 다니는 사람도 있지만 말이다. 지금도 여러 문화권에서 결혼식 주관자들은 신랑과 신부를 왕관과 머리장식, 홀과 길게 끌리는 옷으로 왕과 왕후처럼 꾸민다. 신혼이 지나면 공장과 식료품 가게와 농장에 알맞은 옷차림으로 바뀌게 마련이지만, 정장 차림은 결혼 당사자의 중요성을 서로에게 강조함과 동시에 그들의 결혼이 사회에 지속적으로 영향을 미칠 것임을 인정하는 것이기도 하다.

성숙한 형태의 사랑은 사적인 동시에 공적이고 결혼식에서 있는 그대로 드러난다. 그러나 그것이 더없이 온전한 사랑으로 발전하는 경우는 드물다. 일단 결혼하고 나면 사랑의 전진보다는 사랑의 퇴보가 더 자주 일어난다. 사랑의 완성보다는 사랑의 미완성이 더 자주 눈에 띈다. 그러나 공적인 영역에서 사적인 영역으로 물러나는 사랑은 국가에 대한 책무를 짊어지지 않는다. 그것은 사적인 기쁨만 구하고 공동체에 대한 책무를 저버리는 사랑일 뿐이다.

그러나 퇴보가 반대 방향으로 일어날 수도 있다. 사적인 영역을 등지고 공적인 영역으로 나아가는 사랑은 가정과 친구에 대한 책무를 짊어지지 않는다. 톨스토이는 사랑의 원리를 공공 정책으로, 즉 민족을 평화와 온전함으로 이끄는 길로 제시하여 몇 년 동안 전 세계의 이목을 끌었지만, 자녀들에게는 다음과 같은 불평을 듣고 말았다. "아빠는 세상만 사랑하고 주위에 있는 자식들은 개에게 하듯 걷어차기만 해요."[3]

자기라는 말이 붙은 단어 중에서 자기애만큼 파괴적인 것은 없다. 사랑은 우리의 주요한 관계 방식이자 사람을 자신의 형상대로 지으신 하나님의 방식이기도 하다. 만일 우리가 사랑이라는 말을 관계와 무관하게 이기적으로 사용한다면, 이는 사회를 오염시키고 자아를 파괴하는 지독한 행위가 되고 말 것이다.[4] 그런데도 자기애의 파괴성이 오랫동안 들통 나지 않은 이유는 그것이 '사랑'이라는 매력적인 이름을 달고 있기 때문이다. 마르틴 루터가 분석한 대로, 죄는 사람이 '자기에게로 굽은 상태incurvatus in se'다. 죄 때문에 사랑이 자아 쪽으로 굽는다면, 가장 끔찍한 일이 벌어지고 만다. 이 끔찍한 일이 가장 많이 벌어지는 영역이 다름 아닌 결혼 생활이다. 시편 45편은 낭만적인 결혼식을 정치적 환경에 배치하여 넓은 무대를 제공함으로써 성숙한 사랑의 발전 방향을 지시하고 그 사랑이 변질되는 것을 막는다.

사랑을 공공연하게 열정적으로 단언한다고 해서 형편없는 자기애로 돌아가지 않으리라는 보장은 없다. 기도문이 된 이 시, 곧 시편

너희 보물이 있는 곳에

45편은 사랑의 기본 요소를 두 가지로 꼽고, 그것들을 지휘하여 자기애로 왜곡되는 것을 막고, 성숙한 사랑의 아름다움으로 발전시킨다. 왕, 즉 신랑에게 건넨 첫째 요소는 칭송이고 왕후, 즉 신부에게 건넨 둘째 요소는 떠남이다. 기도로 표현된 칭송과 떠남이야말로 자기애를 치료하는 최상의 방법이 아닐까. 이 두 가지는 우리의 정치 생활에서도 대단히 중요한 요소다.

## 사랑은 맹목적인가

사람이 낳은 아들 가운데서 임금님은 가장 아름다운 분,
하나님께서 임금님에게 영원한 복을 주셨으니,
임금님의 입술에서는 은혜가 쏟아집니다.
용사이신 임금님, 칼을 허리에 차고,
임금님의 위엄과 영광을 보여주십시오.

진리를 위하여, 정의를 위하여 전차에 오르시고
영광스러운 승리를 거두어주십시오.
임금님의 오른손이 무섭게 위세를 떨칠 것입니다.
임금님의 화살이 날카로워서,
원수들의 심장을 꿰뚫으니,
만민이 임금님의 발아래에 쓰러집니다.

오 하나님, 하나님의 보좌는 영원무궁토록 견고할 것입니다.
주님의 통치는 정의의 통치입니다.
임금님은 정의를 사랑하고,
악을 미워하시니,
그러므로 하나님, 곧 임금님의 하나님께서 기름 부어주셨습니다.
임금님이 입은 모든 옷에서는
몰약과 침향과 육계 향기가 풍겨나고,
상아 궁에서 들리는 현악기 소리가 임금님을 흥겹게 합니다.
임금님이 존귀히 여기는 여인들 가운데는 여러 왕의 딸들이 있고,
임금님의 오른쪽에 서 있는 왕후는 오빌의 금으로 단장하였습니다.

이 시편의 전반부인 2-9절은 폭포처럼 거침없이 쏟아지는 칭송, 각별하고 기쁨이 넘치는 칭찬이다. 신랑은 잘 생기고("사람이 낳은 아들 가운데서 임금님은 가장 아름다운 분"), 말도 잘하고("임금님의 입술에서는 은혜가 쏟아집니다"), 영웅적이고("임금님의 화살이 날카로워서, 원수들의 심장을 꿰뚫으니"), 선하고("임금님은 정의를 사랑하고, 악을 미워하시니"), 즐거워하고("상아 궁에서 들리는 현악기 소리가 임금님을 흥겹게 합니다"), 사랑의 운까지 따르는("임금님의 오른쪽에 서 있는 왕후는 오빌의 금으로 단장하였습니다") 인물로 여겨진다.

만일 내가 누군가를 깊이 사랑하여 수년간 다른 이가 알아채지 못한 내용을 열과 성을 다해 묘사한다면, 몇몇 사람은 분명 내 말을 싹둑 자르고 "사랑은 맹목적이지"라고 결론을 내릴 것이다. 이들의

말은 사랑이 현실을 보는 능력을 감소시켜 나의 바람에 꼭 맞는 환상을 누군가에게 투사하게 하고, 결국에는 그 사람을 연인으로 받아들이게 한다는 뜻일 것이다. 그들은 뒤이어 이런 냉소를 보낼 것이다. "만일 이 일이 일어나지 않고, 또 당신이 그 사람을 제대로 보았다면, 당신은 말려들지 않았을 거요." 어째서 그럴까? 사실 모든 이에게는 눈에 띄는 방식으로든 눈에 띄지 않는 방식으로든, 아니면 특정한 경우에 이 두 가지 방식으로든, 사랑스러운 구석이 전혀 없기 때문이다. 사랑은 사실을 보지 않고 착각을 일으켜 삶의 엄정한 현실을 제대로 마주하지 못하게 한다는 얘기다.

그러나 여느 속담이 종종 그렇듯이 이 속담도 틀렸다. 맹목적인 것은 증오, 습관, 생색내기, 냉소주의다. 사랑은 눈을 열어준다. 사랑은 이전부터 죽 존재해왔으나 증오나 무관심 때문에 보지 못했던 것을 두 눈으로 보게 해준다. 사랑은 난시를 교정함으로써 이기심 때문에 왜곡되었던 부분을 제대로 보게 해준다. 사랑은 근시를 교정함으로써 멀리 있어서 흐릿하게 보이던 사람의 모습을 놀랍도록 뚜렷이 보게 해준다. 사랑은 원시를 교정함으로써 친교의 기회를 희미한 위협으로 여기지 않고 고마운 초청으로 여기게 한다. 사랑은 눈여겨볼 만한 고운 모양도 없고, 훌륭한 풍채도 없으며, 흠모할 만한 아름다운 모습도 없는 사람 안에서 사람이 낳은 아들 가운데서 가장 아름다운 이, … 기쁨의 기름을 벗들보다 먼저 부음 받은 이를 보게 해준다.

만일 우리가 다른 사람을 있는 그대로 본다면, 그 사람이 누구든 '가장 아름다운 이, 몰약과 침향과 육계 향기가 풍기는 이'로 보일 것이다. 사랑은 거절과 멸시와 경시를 당하지 않으려고 높이 쌓아올린 요새를 뚫고 들어가 하나님께서 사랑을 위해 지으신 생명을 본다. 자기애에 병든 눈으로는 아름다움도 장점도 볼 수 없다. 그저 흐릿하고 초점도 맞지 않고 꼴사나운 세상에서 비틀거리며 세상이 추하다는 둥, 세상이 험하다는 둥, 세상이 따분하다는 둥 불평만 해댈 뿐이다.

자기애는 자발적인 칭송을 실부 섞인 계산으로 변질시킨다. 그리고는 매력적이고 바람직한 모든 것에 가격표를 붙인다. 우리는 경이로운 세상에서 춤을 추며 탄성을 지르기보다는 복도와 가격 비교 상점을 활보하면서 "얼마예요?"라고 묻는다. 칭송하는 사랑으로 자라도록 설계된 우리 안의 충동은 취득 계획으로 바뀐다. 그 결과, 우리가 사는 세상은 물질적이든 인격적이든 모든 거래가 시기심에 기초하여 이루어지는 곳이 되고 만다. 광고는 소비를 하나의 생활방식으로 추켜세우고 채울 길 없는 욕망, 곧 상품을 구매하고, 새로운 것을 경험하고, 개인적 성취감을 맛보려는 욕망을 조장한다. 다들 사회가 물건과 사람을 끊임없이 공급하여 질투에서 비롯된 이 욕망을 채워줄 것으로 생각한다. 질투와 거기에 따라붙는 근심은 칭송과 창의적 칭찬을 지배적인 형태의 자기애로 바꾸어버린다.

어디에나 있는 자극, 질투를 부추기는 자극에 맞서고, 자기 안으로 굽는 사랑의 어마어마한 에너지를 하나님과 다른 사람을 칭송하는 쪽으로 되돌릴 수 있을 만큼 인격적이고 강력한 것은 다름 아닌 기도다. 그리스도인은 히브리서 1장 9절의 선례를 따라 시편 45편을 활용하여 우리에게 참 사람과 참 하나님으로 나타나시는 그리스도를 칭송한다. 이러한 기도 속에서 우리는 아브라함 헤셸이 건강한 인격과 건전한 사회에 필수적이라고 주장한 '근본적인 경탄'의 능력을 회복한다.[5]

사물과 사람은 이제까지 충분한 경탄의 대상이 된 적이 없다. 칭송은 우리보다 가진 것이 많거나 우리보다 나은 존재, 저기 밖에 있는 존재 대다수에게 거리낌 없이 경의를 표하는 행위다. 우리가 살고 있는 세상은 아름다움이 풍성하고 선善이 무성한 곳이다. 우리와 더불어 사는 이들은 '사람이 낳은 아들 가운데서 가장 아름다운 사람'이자 '몰약과 침향과 육계 향기가 풍겨나는 사람'이다. 어째서 우리는 그 점을 알지 못하는가? 헛된 자기애에 매몰된 채 야위고 수척한 얼굴에 화장품을 바르느라 사람과 피조물과 하나님 안에 있는 위엄과 생명력에 주의를 기울이지 않기 때문이다. 우리는 칭송하라고 창조되었다. 우리의 본능이 자연스럽게 작동할 때, 우리는 다음과 같이 아낌없이 찬미할 것이다. "마음이 흥겨워서 읊으니, 노래 한 가락이라네."

## 새로운 사랑의 모험

이 시편의 후반부, 곧 왕후(신부)를 위해 지어진 부분은 떠나서 자기애를 완전히 치료하라는 권고다.

왕후님! 듣고 생각하고 귀를 기울이십시오.

왕후님의 겨레와 아버지의 집을 잊으십시오.

그리하면 임금님께서 그대의 아름다움에 사로잡힐 것입니다.

임금님이 그대의 주인이시니, 그대는 임금님을 높이십시오.

두로의 사신들이 선물을 가져오고,

가장 부유한 백성들이 그대의 총애를 구합니다.


왕후님은 금실로 수놓은 옷을 입고

구중궁궐에서 온갖 영화를 누리니,

오색찬란한 옷으로 단장하고 임금님을 뵈러 갈 때에,

그 뒤엔 들러리로 따르는 처녀들이 줄을 지을 것입니다.

그들이 기뻐하고 즐거워하면서 안내를 받아,

왕궁으로 들어갈 것입니다.


"왕후님! 듣고 생각하고 귀를 기울이십시오. 왕후님의 겨레와 아버지의 집을 잊으십시오." 두로의 공주는 결혼하기 위해 히브리 왕 앞에 나왔지만 이미 향수병에 걸린 상태다. 그녀는 지금 타국에 있다. 친구와 가족이 있는 안락하고 안전한 곳에서 떨어져 낯선 억양의 말을 쓰는 생소한 땅에 있다. 그녀는 자신이 떠나온 곳을 간절히 그리워한다. 그녀가 자신의 유년시절과 자신의 가족과 습관(자신이 편애하고 중시하는 것)에 마음을 쓰는 한, 새로운 사랑의 모험은 불가능할 것이다.

너희 보물이 있는 곳에

"이제야 나타났구나, 이 사람! 뼈도 나의 뼈, 살도 나의 살!"(창 2:23) 사랑의 제1 규칙이 놀람을 동반하는 이런 인식이라면, 사랑의 제2 규칙은 "남자는 아버지와 어머니를 떠나, 아내와 결합하여 한 몸을 이루는 것이다"(2:24). 떠남이 없으면, 결합도 있을 수 없다.

사랑은 우리를 새로운 땅으로 진출시킨다. 새 땅을 탐험하려면, 옛 땅을 떠나야 한다. 이것은 전에 쌓은 업적과 전에 맺은 관계를 떠나 새로운 관계로 발전하는 것을 의미한다. 사랑의 행위는 자아에게 위험이나 다름없다. 사랑에는 보증이 없다. 길을 잘못 들 수도 있고, 상처를 입을 수도 있고, 거절을 당할 수도 있고, 사기를 당할 수도 있다. 그러나 이 위험을 무릅쓰지 않으면, 이전의 방식을 답습하거나 이전의 안락함을 일상화할 뿐이다.

성장하지 않는 자아는 자아가 아니다. 하나님의 형상대로 지음 받은 피조물이 성장하는 방법은 사랑밖에 없다. 생물은 움직인다. 자아는 호박琥珀 속에 보존되어선 안 된다. 새로운 사랑의 행위는 더는 쓸모없어진 것으로부터, 즉 우리를 유아 단계에 머무르게 하는 것으로부터 떠날 것을 요구한다. 심리 치료사 카를프리트 뒤르크하임은 다음과 같이 주장하곤 했다. "그대는 자아를 절대로 죽이지 못한다. 그대는 자아가 그대가 생각한 것보다 훨씬 큰 집에서 살고 있음을 알게 될 뿐이다." 자아가 참 자아가 되려면, 모든 구성원이 우리를 얼러주고 변덕을 받아주는 집보다 훨씬 큰 집을 찾아야 한다. 집을 떠나 결혼에 임하는 것은 편안하게 보살핌을 받던 자아에서 수고스레 남을 보살피는 자아로 옮아가는 것이다. 이를 일컬어 원형적 이행이라고 부른다.

자기애는 현재 소유하고 있는 것을 지키고 같은 것을 조금 더 늘리는 데에만 신경을 쓴다. 자기애가 따분한 것은 그 때문이다. 자기애는 새로운 것을 말할 줄도 모르고 새로운 것을 발견할 줄도 모른다. 자기애는 현재 소유하고 있는 것으로 자신의 지위를 평가하고 그것을 조금이라도 잃었다는 생각이 들면 공포에 사로잡힌다. 어쩔 수 없이 새로운 관계에 뛰어들거나 새로운 상황에 뛰어들 때면, 자기애는 새로운 사랑의 영역을 고려하기보다는 상실 가능성을 고려한다. 자기애가 집착하고 붙들고 늘어지고 흐느껴 우는 것은 그 때문이다.

성숙한 결혼의 필요조건인 떠남은 총체적인 사랑, 성숙한 사랑을 하도록 우리를 준비시킨다. 우리는 거듭거듭 과거에서 벗어난다. 더는 배우자가 아닌 순간도 오고, 더는 부모가 아닌 순간도 오고, 실직하는 순간도 오고, 건강을 잃는 순간도 온다. 대단히 소중하고 유쾌하고 유익한 기간도 있지만, 그 기간은 본래 지속되지 않는다. 얄궂게도 사랑의 이름으로 그 기간을 영속화하려고 하면, 이는 사랑을 파괴하는 짓이 되고 말 것이다.

떠남은 배신행위가 아니다. 다음 단계의 사랑, 좀 더 완전한 사랑으로 나아가는 데 없어선 안 될 조건이다. 그러한 움직임은 거의 언제나 상실감, 박탈감에서 시작된다. 하지만 떠남은 상실이 아니다. 그것은 새로운 창조성의 전제 조건이다. 경험, 역할, 기억, 관계에 집착하는 이는 가련한 사람이다. 자기애는 오래 전에 쓸모없어진 것을 여전히 고수한다. "왕후님의 겨레와 아버지의 집을 잊으십시오." 그대가 어릴 때에는 아버지의 집이 괜찮았고 지금도 문제가 없지만, 그대가 생을 마음껏 펼치며 살기에는 그다지 넓지 않고 게다가 그대는 이제 신부라는 것이다. "임금님께서 그대의 아름다움에 사로잡힐 것입니다." 그대가 전에는 친구와 부모에게 아름다운 존재였지만, 이제는 새로운 차원의 아름다운 존재, 그대의 임금인 남편에게 아름다운 존재가 되리라는 것이다.

12-15절에서 왕후의 현재 상태가 묘사되는데, 이는 그녀의 박탈감에 대한 보상이 아닐까? 그녀는 금실로 짠 다채로운 빛깔의 예복을 입고, 처녀들이 그녀의 들러리가 되고, 기쁨의 행진(결혼 행진)이 이루어진다. 이 모든 것은 현재의 현실이다. 지금 당장 일어나고 있는 사실이다. 하지만 이 자리에 있으려면 과거에서 떠나야 한다. 사랑을 받던 자리에서 사랑을 주는 자리로 나아가야 한다. 과거에 대한 향수는 현재의 광휘를 가릴 뿐이다.

수많은 사람이 영원한 현재의 환희에 들지 못하는 것은 어째서인가? 굼뜨고 감상에 젖어서 '두로'에 집착하기 때문은 아닌가? 시인 에밀리 디킨슨이 말한 대로, "포기는 통찰력 있는 덕목이다!"[6] 고통스럽지만 이전에 좋던 것과 결별해야 최상의 현재로 나아갈 수 있다. 신앙생활의 주요 요소인 금욕적 극기는 결코 기쁨을 물리치지 않는다. 그것은 기쁨의 준비 단계다. 결혼은 미성년의 귀중품을 버리게 하는 공동생활 패러다임이다. 미성년의 귀중품을 버리는 것이야말로 성년의 친밀감, 곧 기쁨을 경험하기 위한 전제 조건이다.

## 활짝 열고 성장하기

마지막 연인 16-17절은 일종의 약속이다. 이 약속은 1-9절의 칭송과 10-15절의 떠남이 통합될 때 성취된다.

임금님, 임금님의 아드님들은 조상의 뒤를 이을 것입니다.
임금님께서는, 그들을 온 세상의 통치자들이 되게 하실 것입니다.
내가 사람들로 하여금 임금님의 이름을 대대로 기억하게 하겠사오니,
그들이 임금님을 길이길이 찬양할 것입니다.

아들이 아버지를 제치고, 미래가 과거를 제치고, 후손이 조상을 제친다. 우리는 상속받은 것으로 우리 자신을 이해하지 않고, 무언가가 되어 새 생명을 낳는 존재로 우리 자신을 이해한다.

자기애는 메마르고 생식력이 없다. 사랑은 생식력이 있다. 자기애는 익숙하고 안락한 것, 즉 재산과 관습에 집착한다. 사랑은 지나치게 감상적인 혼란에서 빠져나와 새로운 것의 수태에 마음을 열고 성교의 환희와 창조 행위에 마음을 연다. 집착이 폐쇄하고 차단하는 행위라면, 떠남은 활짝 열고 성장하는 행위다.

이 연의 히브리 원문에는 영어 번역본에서 좀처럼 파악할 수 없는 미묘한 차이가 있다. 신부에게 건네는 축사와 신랑에게 보내는 축사의 차이다. 히브리어는 2인칭 대명사도 남성과 여성을 구분한다. 이제는 임금-신랑에게 축사를 건넨다. 신부가 그랬듯이 신랑도 독립

너희 보물이 있는 곳에

하여 결과를 신부와 공유해야 한다. 사랑에는 일방적인 것이 없다. 칭송도 떠남도 배우자가 있어야 가능하다. 이 두 가지를 나누어 남성과 여성에게 할당해서는 안 된다. 그랬다간 차이를 이용하여 굴종을 요구하는 일이 벌어질 것이다. 그런 짓은 자기애의 가장 오래된 수법 가운데 하나이므로 절대로 용납해서는 안 된다. 비이기적 사랑만이 서로의 존엄성을 껴안고 기도 속에서 그 껴안음을 실천한다.

기도를 통해 우리는 한때 우리가 꼭 필요하다고 확신하던 것, 그러나 실제로는 제한적인 것에 지나지 않는 것에서 벗어난다. 그런 뒤에야 우리는 자유롭게 사랑을 받아들일 수 있다. 사랑은 자유로운 행동으로만 경험되기 때문이다. 기도를 통해 우리는 필연적인 것에서 벗어나 자유를 향해 마음을 연다. 헨리 나우웬이 분석한 대로, 기도가 없으면 "우리와 타자의 관계는 빈약하고 탐욕스러운 관계, 끈적끈적하고 축축한 관계, 의존적이고 감상적인 관계, 착취와 기생을 일삼는 관계로 변질되기 쉽다. … 타자를 우리와 다른 이로 경험하는 것이 아니라, 우리의 은밀한 욕구를 충족시키는 데 쓰이는 사람으로 경험하는 것이다."[7]

이 세상의 지혜는 사랑이 침실에서 놀라운 일을 일으킨다고 인정하지만, 정부에서는 사랑이 설 자리가 없다고 확신한다. 이 세상의 지혜는 사랑의 확언을 달빛 비치는 해변에서나 기대하고, 회의실 탁자 주위에는 사랑이 전혀 어울리지 않는다고 생각한다. 문제는 그러한 주장을 뒷받침하는 대목이 성경 어디에도 없다는 것이다. 하나님은 구원의 방법으로 각 사람을 사랑하실 뿐만 아니라, 하나님나라를 존재하게 하시는 분이다. 게다가 성경 전체는 세상을 통치하는 하나님이 영혼도 구원하신다고 말한다.

모든 사람이 믿듯이 하나님의 주요 특징은 사랑이다. "하나님은 사랑이시다"(요일 4:16). 성경 본문에 따르면, 하나님이 개인과 세상을 사랑하시는 것은 분명한 사실이다. 흔히들 방금 인용한 성경 구절 하나가 성경의 정확한 요약이라고 할 수는 없겠지만, "성경이 그렇다고 하니, 예수님은 나를 사랑하시는 게 분명하고, 나도 그 점을 잘 알고 있다"고 말한다. 하지만 하나님은 세상도 이와 마찬가지로 사랑하셨다(요 3:16). 세상과 개인은 하나님께서 사랑을 쏟으시는 두 분야다. 하나님이 세상을 위해 활동하시는 방식과 개인을 위해 활동하시는 방식은 다르지 않다. 하나님은 영혼을 인격적인 사랑으로 대하고, 국가를 비인격적 편의주의로 대하시는 분이 아니다. 하나님은 사람들 사이에서 구속의 사랑에 종사하고, 그런 다음 세계사 속에서 치안 활동을 전개하는 분도 아니다. 하나님은 둘 다를 사랑하신다.

분명한 사실은 문화와 사회에서 사랑을 표현하는 방식과 가정에서 혹은 친구들 사이에서 사랑을 표현하는 방식이 다르다는 것이다. 공공 부문에서는 일반적으로 사랑이 정의에 대한 열정으로 표출된다. 입맞춤보다는 법률 제정이, 세심하게 시간을 맞추어 선사하는 장미꽃다발보다는 단호한 정책 수행이 사랑을 표현하는 수단이다. 그러나 변치 말아야 할 것은 사랑이라는 성경적 기초다. 기초는 사랑이지 편의주의나 이익을 염두에 둔 동기가 아니다. 그 무엇도 그 누구도 기초를 변질시켜선 안 된다.

# 자발적인 사랑

신앙인은 그러한 변질을 막기 위해 기도한다. 기도는 자아와 사회 속에서 사랑을 실행하는 형식이다. 기도 역시 칭송 및 떠남과 관계가 있다. 있는 모습 그대로를 칭송하되 그 모습에 집착하기를 거부할 때, 성숙한 사랑은 발전한다. 그러한 기도 속에서만 다른 이들을 긍정하고 자유롭게 할 수 있고, 사랑 안에서 발전할 여지를 사회에 제공하여 사회가 명예훼손으로 사기가 떨어지거나 탐욕으로 멍드는 일을 막을 수 있다. 서로를 칭찬하고 풀어주는 기도가 사회에 스며들면, 그 사회는 개인적인 방식과 공적인 방식으로 사랑을 자발적으로 펼치게 마련이다.

결혼은 사람들이 이 사랑의 삶을 경험하고 실천하기에 적합한 표준 방법이다. 이 장치는 사적인 영역과 공적인 영역의 통합을 요구한다. 모든 결혼은 무관한 두 가정을 헌신적이고 역사적인 만남으로 이끈다. 모든 사회는 근친상간을 금기시하고 근친혼을 법으로 금한다. 여기에는 유전적인 이유도 있지만, 정치적인 이유도 있다. 제 살 속으로 파고들며 성장하는 것은 생물학적으로나 사회적으로나 바람직하지 않다. 우리는 스스로에게서 벗어나 다른 이들과 만나고, 다른 이가 적이 아니라 협력자임을 삶으로 증명해 보여야 한다. 모르는 사람들이 칭송과 떠남의 실습을 통해 연인이 된다. 다른 사람들 사이에서 발생하는 자연스러운 경쟁 관계가 결혼이라는 행위 속에서 무효화되어 동맹 관계로 바뀐다.

시편 45편에서 소개한 대로, 이것은 고대와 중세 시대에 왕가들 사이에 결혼이 주선되면서 국제적 차원에서 명백해진 사실이다. 그러나 이는 이웃 사이에도 해당되는 사실이다. 공통점이 없는 역사들이 그런 식으로 결합하여 상대에게 경멸과 거부감을 표하지 않고 감사와 칭송을 보내는 것이나. 모든 결혼은 상대방이 적이나 경쟁자나 협박자가 아니라 친구이거나 동맹이거나 연인이라는 증거다.

## 자유의 원형적인 행동

모든 결혼은 이 가능성과 기대를 품고 감행하는 모험이지만, 다 기대한 대로 되는 것은 아니다. 결혼 생활은 실패하기도 한다. 배우자가 경쟁자가 되어 질투하거나 위협받기도 하고 거절하거나 거절당하기도 한다. 배신행위도 일어난다. 하지만 사회에서 가장 의미심장하게 되풀이되는 사랑의 행위는 여전히 결혼이다. 시인 에즈라 파운드는 결혼을 놓고 다음과 같이 급진적인 주장을 펼쳤다. "고상한 가정 하나가 국가 전체를 정중한 행위로 교화할 수도 있고, 욕심 많고 성마른 사람 하나가 한 민족을 대혼란으로 몰아갈 수도 있다."[8] 다수의 실패에도 끊임없이 늘어나는 모험의 누적된 결과는 긍정적이다. 그 모험이 제 살 속으로 파고들며 자라는 자아의 성향을 무효화하기 때문이다.

결혼은 자유의 원형적인 행동이다. 결혼 당사자들은 자신들의 혈

　　　　　　　　　　　너희 보물이 있는 곳에

연관계를 떠남으로써 필연성과 예측 가능성에서 벗어나 자유의 정치에서 제1 동인이 된다. 이것은 중매결혼의 경우에도 마찬가지다. 당사자들의 자유 의지를 고려하지 않았다고 해도 중매 역시 누군가의 선택의 결과이지 생물학적 필요의 산물에 불과한 것이 아니다. 모든 결혼은 사회에 사랑과 자유의 신선한 에너지를 불어넣어 연인들 자신은 물론이고 국가의 이기심을 끊게 한다. 그러나 이 에너지를 주입하는 것으로는 충분치 않다. 그것으로 충분했다면, 미국은 이미 오래전에 이상적인 나라가 되었을 것이다. 그 에너지는 지속과 개선을 필요로 한다. 우리가 그것을 얻을 수 있는 곳은 오직 그리스도뿐이다. 신실한 기도만이 우리를 기나긴 사랑의 삶으로 데려다주고, 이 삶에서 그리고 이 삶에 의해서만 이 세상은 멸망하지 않을 것이다.

주
—

## 1. 이기심이라는 감옥

1. Martin Buber, *Meetings*, edited by Maurice Friedman (LaSalle, Ill.: Open Court Publishing Co., 1973), p. 59.
2. Alexis de Tocqueville, *Democracy in America*, 2 vols. (New York: Schocken Books, 1974), 2:93.
3. Alexandr Solzhenitsyn, "World Split Apart," *Vital Speeches*, Sept. 1, 1978.
4. Baron Friedrich von Hügel, *Letters from Baron Friedrich von Hügel to a Niece*, edited by Gwendolyn Greene (London: J. M. Dent and Sons Ltd., 1958), p. 25.
5. John Calvin, *Commentary on the Book of Psalms*, vol. 1 (Grand Rapids: Eerdmans, 1949), p. xxxvii.
6. G. K. Chesterton, *The Collected Poems* (New York: Dodd, Mead & Co., 1980), pp. 136137.
7. Karl Jaspers, *Man in the Modern Age* (Garden City, N. Y.: Anchor Press/Doubleday, 1951), p. 77.
8. Wendell Berry, *A Continuous Harmony* (New York: Harcourt Brace Jovanovich, 1972), p. 79.
9. "오늘날 신비적 측면과 사회적 · 정치적 측면, 명상적 측면과 예언자적 측면의 본질적인 일치가 파괴된 것은 서구 기독교 생활의 병리 현상 가운데 하나가 아닐 수 없다. 신비주의와 정치는 기껏해야 제자도의 대안 방식으로 여겨지거나, 최악의 경우에는 양립할 수 없는 이념적 대립자로 여겨진다. 도피주의적이고 경건한 체하며 비구체적인 반살색적인(anticarnational) 형태의 영성이 한쪽에 존재하고, 광신적이고 비인간적이며 반성육신적인(antiincarnational) 형태의 정치 운동이 다른 한쪽에 존재하는 것은 그 때문이다. 하지만 이 두 형태는 인간을 진지하게 다루지 못했다." Kenneth Leech, *The Social God* (London: Sheldon Press, 1981. 한국에서는 청림출판에서 《사회적 하나님》으로 펴냄), p. 27.
10. Wendell Berry, *A Continuous Harmony*, p. 15에서 재인용.

## 2. 하나님이 지으신 존재

1. Jürgen Moltmann, *The Church in the Power of the Spirit* (New York: Harper & Row, 1975), p. 279.
2. Mitchell Dahood, *The Psalm*, 3 vols. (Garden City, N.Y.: Doubleday, 1975), 2:298.
3. Martin Buber, *On the Bible*, edited by Nahum Glatzer (New York: Schocken Books, 1968), pp. 1112.
4. "유대인이 국외에 거주할 때 다수의 이방인이 신실한 유대인과 함께하려고 자발적으로 개종했다." *The Jewish People in the First Century*, 2 vols., edited by S. Safrai and M. Stern (Philadelphia: Fortress Press, 1976), 2:622.
5. 70인역 성경에서는 히브리 성경의 본문 5절을 "오 어머니 시온"으로 오역했다. 아마도 그리스어 성경에서 원문을 착오하여 그리스어 *meti* 대신 *meter*를 썼을 것이다. 그러나 이 오역은 시편의 정신을 멋지게 포착하는 까닭에 무단으로 버려선 안 된다. (제임스 조이스는 타자수가 알아보기 힘든 그의 육필 원고를 타이핑하다가 범한 실수를 그대로 놔두곤 했다. 그 실수가 자신이 쓴 것보다 낫다고 생각했기 때문이다.)
6. 그리스의 도시 국가에서는 필요의 장소였던 사적인 영역과 달리 공적인 영역이 자유의 장소로 간주

너희 보물이 있는 곳에

되었다. 사적인 영역에서는 배우자와 자녀의 요구, 의식주의 필요에 포위되었지만, 공적인 영역, 곧 정치에서는 생존의 전망을 넘어 삶을 향상시키는 연합과 책임의 방식을 자유롭게 창출할 여지가 있었다. 예수님은 하나님의 공적 영역인 하나님나라를 선포하심으로써 그러한 통찰을 심화시키셨다. 공격적인 세속주의는 사유화된 경건의 부추김을 받아 이 공적 기반을 놓쳐버리고 말았다. 이 기반을 존속시키는 것이 중요하다. 기도는 이 교정 작업의 주요 수단이다. Elizabeth Young-Bruehl, *Hannah Arendt: For Love of the World* (New Haven: Yale University Press, 1982), p. 319를 보라.
7. Eugene H. Peterson, "Festival," in *A Widening Light*, ed. Luci Shaw (Wheaton, Ill.: Harold Shaw, 1984), p. 119.


## 3. 하나님께 집중하는 기도

1. Donald Baillie, *God Was in Christ* (London: Faber & Faber Ltd., 1956), pp. 4344.
2. Thomas Hardy, *The Complete Poems* (New York: Macmillan, 1982), p. 572.
3. A. F. Kirkpatrick, *Commentary on the Psalms* (London: Cambridge University Press, 1947), p. 665.
4. Dahood, *The Psalms*, 3:113에서 인용.
5. Ezra Pound, *Selected Poems* (New York: New Directions, 1957), p. 82.
6. 현대의 학자들은 고대 제왕의 즉위식의 관점에서 이와 유사한 그림을 재구성한다. 왕은 예루살렘 언덕 아래의 기혼 샘으로 인도된다. 왕이 일종의 성례전적 행위로 기혼 샘물을 마시고 제사장은 왕의 머리에 기름을 붓는다. 그런 다음 왕은 머리를 높이 들고 환호를 받으며 성전 구역으로 돌아가 기뻐한다. "임금님 만세!"라는 외침이 뒤따른다(왕상 1:32-40). Hans-Joachim Krause, *Psalm 60-150* (Eng. trans. Minneapols: Augsburg, 1989), pp. 76f.
7. Amitai Etzioni, *An Immodest Agenda* (New York: New Press, 1983).


## 4. 주권자요 통치자이신 하나님

1. Wendell Berry, *The Unsettling of America* (New York: Avon Books, 1977), p. 55.
2. 시편 47편, 시편 93편, 시편 95-99편.
3. '주님이 다스리신다'라는 독특한 표현을 담고 있는 이 시편들은 다른 신들이 통치한다는 주장 내지 신을 자처하는 왕들이 통치한다는 주장에 대한 논박이라고 할 수 있다. 노르웨이의 탁월한 시편 연구자 지크문트 모빙켈은 이 시편들을 신년 예배 의식에서 노래로 읊었다고 주장한다. 이 예배 의식은 예배 행위 속에서 하나님을, 세상을 재창조하여 자신의 통치권을 되찾은 왕으로 영접하는 의식이 었다. "이 선언에는 동방의 군주국과 동방의 종교에 맞서는 고백이 들어 있다. 왕은 마르둑도 아니고 아수르도 아니다. 오직 야훼만이 왕이시며, 지금도 왕이시며, 모든 세력이 사라지는 미래에도 왕이 되신다. 우리는 야훼 말라크(*Yahweh Malak*)를 이렇게 번역해야 한다. '야훼는 (첫 번째 창조 때에) 왕이 되셨고, 지금도 (그분께서 새롭게 하신 세상의 날, 곧 신년 초하루에 거행되는 그분의 대관식에서) 왕이 되시며, 앞으로도 (종말론적인 두 번째 창조의 날에) 왕이 되신다.'" Johannes Hemple, *Interpreter's Dictionary of the Bible*, 3:949. H. H. Rowley, *The Old Testament and Modern Study* (London: Oxford University Press, 1952), pp. 190-192도 참조하라.
4. 이 수치는 통일 왕국의 왕과, 분열 이후의 남 왕국과 북 왕국의 왕을 합한 것이다.
5. 사도행전 8장 1절과 3절, 9장 1절을 사도행전 9장 1-19절, 2장 4-16절, 26장 9-18절로 무효화시킨다.
6. Amos Oz, *My Michael* (New York: Alfred A. Knopf, 1972), p. 115.
7. 아가 1장 10절에서는 명사형으로, 1장 5절, 2장 14절, 4장 3절, 6장 4절에서는 동사형으로 나온다.
8. Herbert Butterfield, *Writings on Christianity and History* (New York: Oxford University Press, 1979), p. 57.

## 5. 하나님의 도움이라는 드넓은 세계

1. Harry Blamires, *Tyranny of Time* (New York: MorehouseBarlow Co., 1965), p. 98.
2. 미첼 대후드는 3절을 이렇게 번역한다. "우리는 지하 세계가 입을 벌려도 두려워하지 않는다." *The Psalms*, 1:278.
3. 지나치게 단순화한 면이 없지 않다. 비폭력을 표방하여 옥에 갇히거나 정신병원에 수용되거나 군에 징집된 이들도 많다. 그리고 존경할 만한 그리스도인들, 기도하는 그리스도인들도 이 모든 곳에 자리하고 있다. 그럼에도 감옥, 정신병원, 군대는 우리 시대의 조직화된 폭력이 눈에 띄게 자리한 곳의 표본이다.
4. 가장 오래된 사본에서 첫째 연(聯) 뒤에 후렴이 빠지는 바람에 여러 역본에서도 첫째 후렴이 생략되었다. 하지만 이 생략은 일반적으로 필경사의 실수에 기인하는 것으로 여겨지는 까닭에 나는 첫째 후렴구를 생략하지 않았다. Arthur Weiser, *The Psalms* (Philadelphia: Westminster, 1962), pp. 368-369.
5. 찰스 노리스 코크레인은 다음 책에서 이 문제와 관련하여 아우구스티누스의 저서를 명쾌하게 해설한다. *Christianity and Classical Culture* (New York: Oxford University Press, 1957), esp. chap. 12, "Divine Necessity and Human History," pp. 456ff.
6. Dahood, *The Psalms*, 1:279, 281.
7. Georges Bernanos, *The Diary of a Country Priest* (Garden City, N.Y.: Image Books/Doubleday, 1954. 한국에서는 민음사에서《어느 시골 신부의 일기》로 펴냄), p. 164.
8. 미첼 대후드는 우가리트 문헌의 유사점을 토대로 황무지는 전쟁의 반의어이며, 따라서 비옥함이 될 수 있다고 말한다. Dahood, *The Psalms*, 1:281.
9. Annie Dillard, *Pilgrim at Tinker Creek* (New York: Harper's Magazine Press, 1974. 한국에서는 민음사에서《자연의 지혜》로 펴냄), p. 137.
10. 물론 참전을 허락하거나 명령하는 역사적 상황이 없지 않다. 나는 이스라엘이 명령에 따라 수행한 전쟁을 이 문맥(상황에 얽매여 할 수밖에 없는 최선의 행위)으로 이해한다. 하지만 그렇다고 전쟁 자체가 정당화되는 것은 아니다. '정당한 전쟁'은 수세기에 걸쳐 기독교 지성과 양심에 부담을 안겨 준 문제다. 내 생각에 이 문제는 시간이 흐를수록 차츰 덜 복잡해질 것 같다. 핵전쟁의 가능성 때문에라도 우리 모두는 조만간 (소극주의자가 아닌) 평화주의자가 될 것이다.
11. Friedrich von Hügel, *Selected Letters 1896-1924*, edited by Bernard Holland (New York: E. P. Dutton & Co., 1933), p. 147.
12. Miguel de Unamuno, *The Agony of Christianity* (New York: Frederick Ungar Publishing Co., 1960), p. 51.

## 6. 침묵, 경청의 선행 조건

1. William Barrett, *The Illusion of Technique* (Garden City, N.Y.: Anchor Press/Doubleday, 1978), p. 232.
2. Peter Berger, *Invitation to Sociology* (Garden City, N.Y.: Anchor Press/Doubleday, 1963), pp. 132-134.
3. John Henry Newman, *The Idea of s University* (Notre Dame, Ind.: University of Notre Dame Press, 1982), p. 156.
4. 데이비드 허버트 로렌스는 옷 치료법을 제안했다. "모든 사람이 빨간 바지를 입어, 더러워 보이거나 하찮아 보이는 사람이 없게 하자!"

너희 보물이 있는 곳에

## 7. 자기 연민이라는 세균

1. St. Gregory Nazianzus, *Oratio 38*, quoted by Thomas Merton, *Seasons of Celebration* (New York: Farrar, Straus and Giroux, 1978), p. 13.
2. Harry Stack Sullivan, *The Collected Works of Harry Stack Sullivan*, 2 vols. (New York: W. W. Norton, 1953), 1:202.
3. Dahood, *The Psalms*, 2:227.
4. "The World According to Rusell Baker," *Johns Hopkins Magazine* 24 (1983): 8.
5. Dillard, *Pilgrim at Tinker Creek*, p. 271.

## 8. 심정적 무신론

1. C. S. Lewis, *The Problem of Pain* (New York: Macmillan, 1953), p. 141.
2. Fyodor Dostoevsky, *The Brothers Karamazov* (New York: Heritage Press, 1949), pp. 179-186.
3. Alasdair MacIntyre, *Against the Self-Images of the Age* (Notre Dame, Ind.: University of Notre Dame Press, 1978), p. 26.
4. Gerhard von Rad, *Old Testament Theology*, 2 vols. (New York: Harper & Row, 1962), 1:400.
5. Ronald J. Sider, *Rich Christians in an Age of Hunger* (Downers Grove, Ill.: InterVarsity Press, 1978), p. 85.
6. Martin Hengel, *Property and Riches in the Early Church* (Philadelphia: Fortress, 1974), p. 45.
7. '가난한 사람들의 계획'으로 번역된 히브리 단어는 '가난한 사람들의 협회'로 번역되기도 한다. 계획(counsel)은 협의(council)이기도 하다. Dahood, *The Psalms*, 1:82를 보라.
8. Charles Williams, *He Came Down from Heaven* (London: Faber & Faber, 1956), p. 63.
9. Simon Tugwell, *The Beatitudes: Soundings in Christian Tradition* (Springfield, Ill.: Templegate Publishers, 1980), p. 26.
10. 사회학의 시각에서 이 현상을 연구한 이는 크리스토퍼 래쉬다. 그는 하나님에 대한 관심의 상실이 원인이 아니라, 과거와 미래에 대한 관심의 상실이 원인이라고 생각한다. 또한 그는 이 상실이 공동체를 서서히 부식시켜 가장 즉자적인 것으로 만들어버리고, 결국에는 공동체를 즉자적 자아로 축소시켜버린다고 생각한다. Christopher Lasch, *The Culture of Narcissism* (New York: W. W. Norton, 1968), p. 211을 참조하라.
11. Johannes Pedersen, Israel, *Its Life and Culture*, vols. 12 (London: Oxford University Press, 1946), pp. 429, 539.

## 9. 하나님의 일에 종사하며 자기 잇속만 차리는 자

1. Dorothy L. Sayers, *Creed or Chaos?* (New York: Harcourt, Brace & Co., 1949), pp. 5657.
2. Irenaeus, *Against Heresies*, quoted by Kenneth Leech, The Social God (London: Sheldon Press, 1981), p. 27.
3. Athanasius, *On the Incarnation*, quoted by Louis Bouyer, A History of Christian Spirituality, vol. 1 (New York: Seabury Press, 1982), p. 418.
4. Charles Williams, *The Descent of the Dove* (New York: Living Age Books, 1956), p. 51.
5. Leech, *The Social God*, p. 34.
6. "속이 온통 비어 있고 겉만 그럴싸한데도 우리는 매번 단일한 관점에서 겉만 번드르르한 명료함을 추구한다. 이는 소년이 껍데기와 껍질을 갖고 놀기를 좋아하는 것과 같고, 아이가 공허한 삼단논법을 풀면서 만족해하는 것과 같다." Adolf Harnack, *History of Dogma*, 7 vols. (New York: Dover

Publications, 1961), 4:4142. 코크레인은 아리우스 논쟁을 설득력 있게 분석하면서 이렇게 말했다. "아리우스주의는 상식적이면서도 이단으로 간주되었는데, 그 이유는 아리우스가 은유를 이해하지 못했기 때문이다. 그 이교 창시자의 진짜 문제는 바로 여기에 있다." Cochrane, *Christianity and Classical Culture*, p. 233.

7. Charles Péguy, *Basic Verities* (New York: Pantheon Books, 1943), p. 109.

8. 일반적으로는 이 환상을 이방 신들이 천상의 법정에 모여 있고, 그들의 도더직 무감각이 우주적 무질서와 사회적 무질서를 초래했다는 이유로 하나님이 그들을 심판하고 계신 것으로 해석한다. 다음 자료를 참고하라. Dahood, *The Psalms*, 2:268. 나는 이 환상이 그러한 신화에서 비롯되었을 것이라는 추측에 이의를 제기하고 싶지는 않다. 하지만 정경의 맥락에서 보면, 이 시편은 개인의 실제적 경험과 역사적 경험이 담긴 자료에 의거하여 기도문으로 작성된 것 같다.

9. Gregory of Nyssa, *From Glory to Glory* (New York: Charles Scribner's Sons, 1961), p. 190.

10. 다음 자료에서 재인용했다. Annie Dillard, *Living by Fiction* (New York: Harper & Row, 1982), p. 173.

## 10. 하나님의 활동 무대

1. Austin Farrer, *Finite and Infinite* (Westminster: Dacre Press, 1959), p. 94.

2. Ian L. McHarg, *Design with Nature* (Garden City, N.Y.: The Natural History Press, 1969).

3. Barret, *The Illusion of Technique*, p. 335에서 재인용.

4. 다음 자료에 자연에 대한 태도의 변천사와 현재의 상황이 탁월하게 제시되어 있다. *Earthquaking*, edited by Loren Wilkinson (Grand Rapids: Eerdmans, 1980), p. 19.

5. 다음 자료에 이스라엘의 독특한 신앙생활과 이스라엘의 종교적 환경의 관계가 명쾌하게 설명되어 있다. G. E. Wright, *The Old Testament against Its Environment* (Chicago: Alec Allenson, Inc., 1955).

6. Berry, *A Continuous Harmony*, p. 12.

7. Barrett, *The Illusion of Technique*, p. 173.

## 11. 새로운 사랑의 모험

1. Anthony Bloom, *Beginning to Pray* (New York: Paulist Press, 1970), p. xiv.

2. Berry, *A Continuous Harmony*, p. 80.

3. Henri Troyat, *Tolstoy* (Garden City, N.Y.: Doubleday, 1967), p. 439.

4. Lasch, *The Culture of Narcissism*, pp. 72-73.

5. Abraham Joshua Heschel, *God in Search of Man* (New York: Farrar, Straus and Giroux, 1955), p. 46.

6. Emily Dickinson, *The Complete Poems* (Boston: Little, Brown & Co., 1960).

7. Henri Nouwen, *Reaching Out* (Garden City, N.Y.: Doubleday, 1975), p. 30.

8. 다음 자료에서 재인용했다. Berry, *A Continuous Harmony*, p. 41.

너희 보물이 있는 곳에

Where
Your
Treasure
Is